Soldi veloci in una settimana

30 modi per fare soldi velocemente in una sola settimana.

SOLDI VELOCI IN UNA SETTIMANA

Da: D.K. Hawkins
Serie "Soldi veloci"
Version 1.1 ~November 2022
Published by D.K. Hawkins at KDP
Copyright ©2022 by D.K. Hawkins. All rights reserved.

Nessuna parte di questa pubblicazione può essere riprodotta, distribuita o trasmessa in qualsiasi forma o con qualsiasi mezzo, compresi fotocopie, registrazioni o altri metodi elettronici o meccanici o qualsiasi sistema di archiviazione o recupero di informazioni, senza il previo consenso scritto degli editori, tranne nel caso di brevissime citazioni contenute in recensioni critiche e di alcuni altri usi non commerciali consentiti dalla legge sul copyright.

Tutti i diritti sono riservati, compreso il diritto di riproduzione totale o parziale in qualsiasi forma.

Tutte le informazioni contenute in questo libro sono state accuratamente ricercate e controllate per verificarne l'accuratezza. Tuttavia, l'autore e l'editore non garantiscono, in modo esplicito o implicito, che le informazioni contenute nel presente documento siano adatte a ogni individuo, situazione o scopo e non si assumono alcuna responsabilità per errori od omissioni.

Il lettore si assume il rischio e la piena responsabilità di tutte le azioni. L'autore non sarà ritenuto responsabile di eventuali perdite o danni, conseguenti, accidentali, speciali o di altro tipo, che possano derivare dalle informazioni presentate in questo libro.

Tutte le immagini sono libere di essere utilizzate o acquistate da siti di foto stock o royalty-free per uso commerciale. Per la stesura di questo libro mi sono basato sulle mie osservazioni e su molte fonti diverse; ho fatto del mio meglio per verificare i fatti e dare credito a chi di dovere. Nel caso in cui venga utilizzato del materiale senza il dovuto permesso, vi prego di contattarmi in modo da correggere la svista.

Le informazioni fornite in questo libro hanno uno scopo puramente informativo e non sono da considerarsi una fonte di consulenza o di analisi del credito in relazione al materiale presentato. Le informazioni e/o i documenti contenuti in questo libro non costituiscono una consulenza legale o finanziaria e non dovrebbero mai essere utilizzati senza aver prima consultato un professionista della finanza per determinare cosa sia meglio per le vostre esigenze individuali.

L'editore e l'autore non forniscono alcuna garanzia o altra promessa in merito ai risultati che possono essere ottenuti utilizzando il contenuto di questo libro. Non dovreste mai prendere alcuna decisione di investimento senza aver prima consultato il vostro consulente finanziario e aver condotto le vostre ricerche e la vostra due diligence. Nella misura massima consentita dalla legge, l'editore e l'autore declinano ogni responsabilità nel caso in cui le informazioni, i commenti, le analisi, le opinioni, i consigli e/o le raccomandazioni contenuti in questo libro si rivelino inesatti, incompleti o inaffidabili o comportino perdite di investimento o di altro tipo.

Il contenuto di questo libro, o quello reso disponibile, non è inteso e non costituisce consulenza legale o di investimento, e non si instaura alcun rapporto avvocato-cliente. L'editore e l'autore forniscono questo libro e i suoi contenuti "così come sono". L'uso delle informazioni contenute in questo libro è a vostro rischio e pericolo.

INDICE DEI CONTENUTI.

INDICE DEI CONTENUTI..4

INTRODUZIONE. 6

DIVERSI MODI PER FARE SOLDI VELOCEMENTE IN UNA SOLA SETTIMANA. 9

    1. AVVIARE UNA DIRECTORY DI ARTICOLI. 9

    2. TRADING ONLINE SUL FOREX. 15

    3. MARKETING DI AFFILIAZIONE. 19

    4. PUBBLICAZIONE DI ANNUNCI SU SITI WEB GRATUITI......22

    5. IMPOSTAZIONE DELLA CAMPAGNA DI NICCHIA. 28

    6. SCRITTURA FREELANCE. 31

    7. BLOGGING. 34

    8. MARKETING SU INTERNET. 36

    9. VIDEO MARKETING. 39

    10. FOTOGRAFIA. 43

    11. FOTOGRAFIA STOCK. 45

    12. CRAIGSLIST. 49

    13. SERVIZIO DI CONSEGNA. 52

    14. SVILUPPARE UN IMBUTO DI VENDITA SEGRETO............53

    15. PARTECIPAZIONE A SONDAGGI RETRIBUITI. 58

    16. PRODOTTI A MARCHIO PRIVATO. 61

    17. VENDITA DI OPERE D'ARTE. 65

18. PODCAST. 71

19. GOOGLE ADSENSE. 76

20. TITOLI DI CREDITO. 79

21. FORUM. 81

22. LAVORI DI INSERIMENTO DATI A DOMICILIO. 86

23. SCRITTURA DI EBOOK. 89

24. VENDERE SU EBAY. 91

25. OSPITARE WEBINAR. 93

26. DOMINIO INVERTITO. 97

27. LANCIO DEL PRODOTTO. 98

28. SITI WEB PER I SOCI. 100

29. PROGRAMMI DI ALTO LIVELLO. 102

30. TUTORAGGIO ONLINE. 106

CONCLUSIONE. 112

INTRODUZIONE.

Potete iniziare a guadagnare entro una settimana. Ottenere il primo reddito online o offline entro una settimana è normale se avete scelto di lavorare online e offline e di fare soldi, sia che il vostro obiettivo sia un lavoro a tempo pieno sia che si tratti solo di denaro extra da spendere.

Perché dico questo? Perché l'ho visto molte volte negli ultimi anni, quando ho aiutato le persone a iniziare a fare soldi online e offline.

Raramente vedo qualcuno che ha l'obiettivo di lavorare online o offline e di fare soldi e che dispone di una notevole quantità di denaro da investire per iniziare. La maggior parte di loro preferirebbe iniziare a lavorare senza disporre di denaro o di competenze specifiche.

Questo può sembrare un ordine elevato, ma fortunatamente può essere realizzato. Non deve sorprendere il fatto che fare soldi online e offline senza denaro o competenze sia spesso chiamato "marketing del barbone".

Avete tutto ciò che vi serve per lanciare la vostra attività online e offline se possedete o avete accesso a un computer e a Internet. Mancano solo le indicazioni chiare, passo dopo passo, su come svolgere il compito. La maggior parte delle persone conduce uno studio esaustivo su come fare soldi online e offline, ma non inizia mai. Forse non hanno fiducia nelle loro capacità.

Ci sono così tanti articoli nel mondo (sì, il MONDO, non solo la vostra città, il vostro stato o il vostro paese) che anche con l'aiuto di un migliaio dei miei più cari amici non potrei mai promuoverli tutti, e se parlate molte lingue, WOW, avete ancora più opportunità.

Per iniziare a guadagnare entro una settimana, dovete iniziare immediatamente. Non potete passare un mese a studiare, no?

Vi consiglio di leggere questo libro a fondo, in modo da assorbire il maggior numero di informazioni nel minor tempo possibile con i 30 modi migliori per fare soldi velocemente in una settimana. Inoltre, richiede il minimo sforzo da parte vostra.

Siete pronti a iniziare? Continuate a leggere........................

DIVERSI MODI PER FARE SOLDI VELOCEMENTE IN UNA SOLA SETTIMANA.

1. AVVIARE UNA DIRECTORY DI ARTICOLI.

Questo richiede un po' più di impegno, ma è abbastanza facile. Cosa cercano gli utenti di Internet? Informazioni, e in abbondanza!

Per lanciare un annuario di articoli, è sufficiente creare un sito web di base e richiedere l'invio gratuito di articoli da parte degli autori. La maggior parte degli autori di articoli promuovono ebook, seminari, software e workshop. Sono sempre alla ricerca di visibilità gratuita o a basso costo.

Presto avrete accesso ad altre migliaia di pagine di contenuti. Come farete a guadagnare? Aggiungete gli annunci di Google (i dettagli sono riportati di seguito). Guadagnerete ogni volta che qualcuno farà clic su uno dei vostri annunci.

Molte directory di articoli accettano articoli su argomenti diversi, mentre altre sono specializzate. Solo voi potete stabilire quale sia l'opzione migliore per voi. Mi piacciono le directory specializzate perché, con la crescita del web, credo che le persone torneranno più spesso a una directory con materiale di qualità su un singolo argomento piuttosto che a una directory con molti articoli su ogni tema. Anche se separati per categoria, gli elenchi "tutto compreso" sono troppo opprimenti per me. Anche in questo caso, la scelta è vostra.

La promozione e l'acquisizione di contenuti di alta qualità per il vostro sito web sono la chiave per guadagnare con una directory di articoli. Per ottenere articoli di alta qualità su un determinato argomento, è necessario effettuare una ricerca sul web utilizzando i termini chiave appropriati.

Contattate l'autore (nella maggior parte dei casi le informazioni di contatto sono riportate nella casella delle risorse alla fine dell'articolo) e chiedetegli di inviare spesso articoli alla vostra directory. Quasi sempre accetteranno.

Ora è il momento in cui il vostro sito web dovrebbe veramente decollare. Una volta che i motori di ricerca avranno indicizzato la vostra directory, molti inizieranno a inviarvi automaticamente i contenuti. Quando avrete qualche centinaio di articoli nella vostra directory (e questo può richiedere anche poche settimane se vi impegnate), inserite gli annunci di Google in ogni pagina e voilà: avrete centinaia di pagine di contenuti contenenti pubblicità che, ogni volta che vengono cliccate, generano entrate per voi.

Per iniziare, potete selezionare automaticamente i contenuti da molte directory di articoli su Internet. Se si cerca "article directory", appaiono circa 3,5 milioni (sì, milioni!) di risultati.

Software per article directory: se siete disposti a spendere un po' di soldi, potete acquistare un software che automatizza l'intero processo.

Una ricerca di "article directory software" fornisce circa 500.000 risultati. Potete acquistare e installare la maggior parte dei software o chiedere all'editore di installarli per voi. L'autoinstallazione richiede un elevato livello di competenza tecnica.

Prima di creare una directory di articoli, suggerisco di dedicare molte ore alla ricerca sull'argomento attraverso la lettura. Anche se si tratta di un'idea molto semplice, può richiedere molto lavoro iniziale, che però può essere ampiamente ripagato nel corso dei mesi e degli anni.

Visitate Google.com per saperne di più sull'acquisizione degli annunci pubblicitari di Google che appaiono su molti siti web. Selezionate "Programmi di marketing" (un pulsante di testo semplice sotto la casella di ricerca). Fare clic su "Per gli editori web: Google AdSense". Cliccate infine su "Che cos'è AdSense? L'applicazione vi verrà insegnata in modo completo e sarete in grado di avviarla in cinque minuti.

Se avete una passione per qualcosa e potete puntare a una nicchia ben definita, potete creare un blog su questo argomento, aggiungere alcuni annunci pubblicitari di Google AdSense e guadagnare qualche centinaio di dollari al mese senza troppi sforzi. Volete guadagnare di più? Come per qualsiasi altra cosa nella vita, più tempo si investe, più alto sarà il reddito.

Esiste persino un nuovo sito web, Scoopt.com, che funge da agente letterario per i blog. A cosa mi riferisco? Nello specifico, "vi assiste nell'ottenere licenze per l'uso commerciale e non commerciale del vostro blog". In sostanza, vi aiutano a vendere i contenuti del vostro sito. Consultate le informazioni complete sul loro sito web.

I blog non sono più limitati allo sfogo sulla vostra ultima relazione disastrosa o sul lavoro pasticciato del vostro parrucchiere. Sono strumenti professionali per produrre denaro nel presente.

Per leggere un caso di studio che dimostra come un hobby personale possa essere trasformato in un blog popolare e redditizio, visitate ProBlogger.net e cercate "Back in Skinny Jeans". L'articolo dovrebbe essere visualizzato. È molto interessante da leggere.

Per creare un blog, visitate blogger.com, create un account e iniziate a scrivere. È gratis!

Non ci sono truffe per fare soldi a palate. Il mio obiettivo a Inkwell Editing è quello di aiutare i freelance editoriali e creativi a guadagnarsi da vivere. Come molti altri, non vi garantirò mai che "guadagnerete migliaia di euro al mese semplicemente eseguendo x". Non fidatevi delle chiacchiere.

Lavoro nel settore editoriale dal 1987 e come freelance dal 1993. Ho sentito parlare e utilizzato molti programmi. L'unico modo per guadagnare denaro è quello di impegnarsi continuamente in qualche impresa. Ci vogliono tempo e fatica, tempo e fatica.

La buona notizia è che Internet rende più facile che mai guadagnare un lavoro creativo, e può essere realizzato "abbastanza" facilmente se si scelgono metodi efficaci e li si mette in pratica regolarmente.

2. TRADING ONLINE SUL FOREX.

Il vostro 4forextrading online si è fermato? Entrate in un'operazione solo per poi invertirla, con conseguente perdita. Avete mai desiderato un metodo che vi faccia guadagnare costantemente senza richiedere un'attenzione costante? Ho qualcosa che potrebbe esservi utile.

Questa sezione presuppone che abbiate familiarità con i grafici forex online che utilizzano gli studi tecnici, tra cui la media mobile esponenziale, il MACD e gli stocastici. Io utilizzo i grafici tecnici gratuiti di Wizetrade Forex e MB Trading per le mie esigenze grafiche.

Inizialmente, il disclaimer.

Il trading in valuta estera è un'opportunità difficile che offre rendimenti superiori alla media a trader istruiti ed esperti disposti ad assumersi un rischio superiore alla media. Prima di decidere di intraprendere un'attività di trading in valuta estera (FX), è necessario valutare i propri obiettivi di investimento, il livello di esperienza e la tolleranza al rischio.

Non dovreste mai investire più denaro di quanto possiate permettervi di perdere. Prima di adottare una nuova strategia su un conto reale, di solito è prudente testarla prima sulla carta.

Tipo di strategia.

Si tratta di un piano a lungo termine che richiede solitamente una o due settimane per essere attuato. Utilizza grafici a barre o a candele con la media mobile esponenziale, il MACD e lo Stocastico come indicatori.

La situazione.

Grafici - 1 giorno e 1 mese (a barre o a candele) (a volte, un grafico con un tempo più breve può fornire una visione più chiara. Io preferisco quelli a 1 ora, 10 giorni e 180 minuti su Wizetrade).

Medie mobili esponenziali - (3) configurazioni, 4-13-50.

MACD - 5-34-7.

Probabilità — 13-5-5.

L'ingresso nel settore.

Considerate il MACD per avere conferma della direzione del trend. Dopo che ha attraversato la sua linea centrale, l'indicatore è in genere più affidabile.

È necessario che le linee dello Stocastico si intersechino e si spostino al di sopra della linea 20 per gli acquisti e al di sotto della linea 80 per le vendite. (Questo è talvolta più evidente sui grafici a intervalli più brevi).

Esaminate ora le medie mobili. Quando la 4 EMA e la 13 EMA si incrociano con la 50 EMA, in qualsiasi direzione, con un buon angolo di movimento e uno scarto tra le medie, è un buon momento per entrare. (Tendenze decrescenti per le vendite e crescenti per gli acquisti).

Se le condizioni di cui sopra sono soddisfatte, considerate la possibilità di entrare nella transazione.

Configurazione dello stop loss.

Posizionate il vostro stop loss 30-50 pip al di sotto del minimo del giorno precedente. Si tratta di un ampio stop loss che vi eliminerà dall'operazione in caso di scenari catastrofici. Suggerisco di aumentare il vostro stop loss man mano che la vostra transazione produce profitti. Indipendentemente da ciò che fate, NON diminuitelo. (Se l'operazione fosse in vendita, lo stop loss sarebbe al di sopra del massimo del giorno precedente.)

Nel business.

Osservate l'operazione per determinare se si sta avvicinando a un livello di resistenza o di supporto, e tenete d'occhio le medie mobili esponenziali a 4 e a 13. Il supporto e la resistenza potrebbero non avere un ruolo significativo in questo tipo di piano, ma li terrei comunque sotto stretto controllo.

Lasciare il mercato.

Osservate se il 4 EMA incrocia il 13 EMA nella direzione opposta a quella di entrata dopo l'entrata nel trade. Verificate se il MACD si è invertito. Come funziona lo stocastico? Questi sono potenziali indicatori di uscita. Se la tendenza si è invertita, dovreste incassare i vostri guadagni.

Bisogna avere la pazienza di svilupparsi durante l'operazione e sapere quando uscire dalla transazione. I grafici esistono per aiutarvi. Alcuni membri del nostro gruppo di trading hanno utilizzato questo metodo con grande successo.

3. MARKETING DI AFFILIAZIONE.

Ci sono innumerevoli articoli di affiliazione disponibili per la promozione. Il marketing di affiliazione è il processo di promozione di un prodotto online. Per i principianti può essere semplice aprire un blog o un obiettivo Squidoo, entrambi piuttosto semplici. In seguito, i visitatori vengono indirizzati al link di affiliazione sul vostro sito web, dove effettuano l'acquisto e voi venite ricompensati.

Questo può intimidire un principiante, che deve capire come attirare traffico sul proprio sito e farsi indicizzare da Google e dalle parole chiave. Esistono innumerevoli metodi per promuovere il proprio sito web.

Chi inizia a praticare il marketing di affiliazione si sentirà inizialmente sopraffatto. La ripida curva di apprendimento richiede mesi per essere completata. La buona notizia è che esistono programmi, alcuni dei quali gratuiti o molto economici, che possono ridurre la curva di apprendimento di settimane o mesi.

Dovete anche scegliere cosa commercializzare; molti scelgono un business-in-a-box, ma non tutti lo fanno. Credo che se riuscite a trovare qualcosa che vi entusiasma, avrete molto più successo. Prendete in considerazione qualcosa che vi piace, poi cercatelo su Google con l'aggiunta della frase "affiliato", e ta-da! Avete delle opzioni. Esiste un programma di affiliazione praticamente per qualsiasi prodotto immaginabile, compresi ebook, vitamine ed elettronica.

La cosa migliore da fare è lanciare il proprio sito web con il link di affiliazione e iniziare la propria formazione. In questo modo, potrete modificare e applicare ciò che imparate man mano che progredite, ma prima dovrete iniziare. Una volta che un sito è operativo, si può passare a un altro.

Ora, in media, creo un nuovo sito web ogni settimana. Quando ho iniziato, mi ci voleva un mese per creare un singolo sito web. Quindi diciamo una settimana per ogni sito, quattro siti in un mese, ognuno dei quali genera entrate passive mentre dormite. Interagire e ripetere. Utilizzo un piano di marketing di una settimana, che mi ha aiutato a iniziare.

Ho iniziato questa attività part-time cinque mesi fa, con risultati iniziali limitati. Da quando sono stato licenziato due settimane fa, ho capito che dovevo fare sul serio. Ho trascorso tra le 10 e le 12 ore al giorno a lavorare su questo progetto per renderlo operativo. Ero alle prime armi e molto confuso. Nelle due settimane precedenti ho guadagnato quasi quanto guadagnavo con il mio "vero lavoro", che non erano certo noccioline.

La cosa più bella è che mi diverto. Ho compilato una guida che accorcerà la vostra curva di apprendimento e vi aiuterà a iniziare a guadagnare prima se volete avanzare più rapidamente. Il titolo è Affiliate Marketing Made Simple. Iniziare a guadagnare più rapidamente e ridurre la curva di apprendimento.

4. PUBBLICAZIONE DI ANNUNCI SU SITI WEB GRATUITI.

Dal 2007 ho la fortuna di vivere interamente online. La promozione di articoli affiliati attraverso annunci gratuiti su siti web come Craigslist e Back Page è una delle mie principali fonti di guadagno.

Quelle che seguono sono le risposte a quattro domande che mi vengono comunemente poste sulla pagina posteriore, il mio sito di annunci gratuiti preferito se si vuole guadagnare inserendo annunci su siti come questo.

I consigli qui forniti sono applicabili indipendentemente dal sito di annunci gratuiti che utilizzate.

Le risposte a quattro dubbi comuni sulla pubblicazione di annunci gratuiti su Backpage.

1. Quali città inserire negli annunci: Backpage riceve molto traffico. Quanto? Secondo traffic estimate, un sito web che prevede la quantità di traffico che un sito web riceve mensilmente, annualmente, ecc. nel gennaio 2013 ha ricevuto 20.394.000 visitatori.

Ci sono circa 400 città in cui è possibile pubblicare annunci, ma solo alcune ricevono il maggior traffico. Qui di seguito sono elencate, in base al traffico, le prime venti categorie per l'inserimento di annunci sulla pagina posteriore per fare soldi online velocemente.

Le migliori città di Backpage per pubblicare annunci gratuiti.

- Miami, FL.

- Minneapolis, MN.

- New York, New York.

- Philadelphia, PA.

- Phoenix, AZ.

- San Diego, CA.

- Atlanta, GA.

- Boston, MA.

- Chicago, Illinois.

- Texas, Dallas/Fort Worth.

- Denver, CO.

- Houston, Texas.

- Las Vegas, NV.

- Los Angeles, CA.

- San Francisco, CA.

- Seattle, Washington.

- St. Louis, MO.

- Tampa, FL.

- Toronto, ON.

- Washington, District of Columbia.

Le opportunità commerciali sono una delle categorie più popolari per l'inserimento di annunci gratuiti. In quest'area, "Offerte commerciali", si trova la maggior parte delle opportunità di affiliazione che probabilmente siete interessati a pubblicizzare. Le opportunità "per fare soldi" sono la forma più popolare di articoli di affiliazione da pubblicizzare per guadagnare rapidamente online.

2. Nota sulle categorie: Rispettare le norme del sito. Alcuni marketer, ad esempio, promuovono opportunità di lavoro nell'area "Offerte di lavoro". L'ultima cosa che una persona in cerca di lavoro vuole è imbattersi in un annuncio per un'opportunità di lavoro "a pagamento".

Si paga per le opportunità, ci si candida per le offerte di lavoro; fate attenzione a questa distinzione. Anche se credete di poterla fare franca pubblicando nella categoria sbagliata, evitate di abusare del servizio in questo modo. È semplicemente immorale.

3. Con quale frequenza inserire gli annunci per guadagnare in modo costante: All'inizio della mia carriera nel marketing di affiliazione, pubblicavo annunci ogni giorno, cosa che credo ogni principiante dovrebbe fare per iniziare a guadagnare in modo costante (ad esempio, settimanalmente, poi quotidianamente).

Per vostra informazione, utilizzate altri approcci, come l'article marketing. Supponiamo che il marketing di affiliazione sia qualcosa che sperate di far diventare un giorno una carriera a tempo pieno. In questo caso, è probabile che dobbiate combinare diverse strategie di marketing su Internet per guadagnare abbastanza da realizzare questa idea.

4. Come selezionare prodotti e/o servizi di successo In qualità di editore indipendente, commercializzo principalmente i miei ebook e alcuni prodotti di affiliazione "evergreen".

Il consiglio più importante che posso dare per selezionare gli articoli redditizi è quello di scegliere quelli che vi appassionano e/o di cui avete esperienza.

Il motivo è che è molto più facile sostenere in modo "credibile" prodotti o servizi che vi piacciono e/o di cui avete fatto esperienza.

Su Internet c'è molta spazzatura e i consumatori sanno riconoscere la falsità. Non percorrete questa strada. I siti web di marketing affiliato, come CommissionJunction e Clickbank, offrono migliaia di prodotti dai quali è possibile scegliere di guadagnare attraverso la pubblicazione di annunci. Pertanto, create la vostra professione di Internet marketing intorno a marchi affidabili in cui avete fiducia.

Inoltre, la maggior parte dei programmi di affiliazione sono gratuiti, quindi non è necessario pagare nulla per iniziare.

5. IMPOSTAZIONE DELLA CAMPAGNA DI NICCHIA.

Siete un Internet marketer, ma non avete risultati impressionanti da mostrare. Che ne dite se vi dico cosa vi serve per iniziare a guadagnare legittimamente online?

Dedicate qualche minuto alla lettura di questo post e potrete avere un'attività di nicchia passiva e redditizia in meno di una settimana.

Lasciatemi iniziare dicendo che tutto ciò richiederà uno sforzo; se vi cimentate in qualcosa per la prima volta, potrebbe essere più difficile. La buona notizia è che una volta impostata la prima campagna, gli sforzi successivi saranno facili da gestire e, se non trascurate alcun processo, tutte le vostre campagne genereranno denaro passivo per anni.

Ecco i passaggi per creare una campagna di marketing di nicchia redditizia:

1) È necessario innanzitutto scegliere una nicchia di mercato in cui operare. Una nicchia è un gruppo di individui, tra cui le neo-mamme, i padri single, i proprietari di gatti, gli sposi e molti altri. Assicuratevi di conoscere le sfide che gli individui di

quel segmento devono affrontare e se sono disposti a spendere soldi per affrontarle.

2) Iscrivetevi a un servizio di autoresponder e acquistate un nome di dominio. Questo vi costerà poco più di 30 dollari, ma è tutto ciò di cui avete veramente bisogno e recupererete i fondi entro una settimana o poco più.

3) Preparate la vostra squeeze page, che contiene il modulo opt-in e offre una guida o un ebook gratuito in cambio di un indirizzo e-mail.

4) Ora preparate l'ebook gratuito e i due ebook che intendete vendere a pagamento. Scrivete tre guide di 10-20 pagine piene di informazioni utili. Ciascuna delle guide deve affrontare un problema specifico del vostro pubblico target.

5) Scrivete da 10 a 15 e-mail di follow-up. Le prime email devono contenere solo contenuti gratuiti e di valore; uno ogni quattro messaggi successivi può essere un messaggio promozionale per i vostri abbonati. È proprio così che genererete profitti:

vendendo i vostri articoli a persone che si fidano di voi.

6) Scrivete almeno venti articoli che rimandino alla vostra squeeze page e distribuiteli alle directory di articoli. Questo vi garantirà di continuare a ricevere traffico per gli anni a venire.

Ora che l'avete assemblata andate a riposare o a costruirne un'altra!

Se fate un buon lavoro nel costruire rapidamente la vostra lista, inizierete a guadagnare già dalla settimana successiva. L'aspetto migliore è che si tratta di un guadagno completamente passivo!

6. SCRITTURA FREELANCE.

Sì, la scrittura freelance su Internet può essere una professione redditizia. Se la scrittura è la vostra passione e il vostro talento, potete guadagnare denaro extra online. È sufficiente tenere a mente alcune raccomandazioni essenziali per individuare le opportunità lucrative che vi permetteranno di guadagnare una notevole quantità di denaro online.

Se siete interessati a individuare queste possibilità online, ecco alcuni consigli su come farlo e su come guadagnare con la scrittura freelance online.

- Creare materiale per il sito web per ottenere un compenso. I contenuti sono fondamentali nell'era di Internet, dove praticamente tutte le imprese, le aziende e persino i singoli desiderano i loro siti web.

I proprietari di questi siti web non riescono a tenere il passo con il ritmo di aggiornamento frequente del materiale dei loro siti. Basta imparare alcune tattiche di ottimizzazione per i motori di ricerca, se si ha talento per la scrittura, per ottenere contratti di scrittura di contenuti online.

- Scrivete articoli. Gli articoli sono componenti essenziali del web. In realtà, poiché l'article marketing è diventato un metodo economico per promuovere le aziende e gli articoli online, anche la scrittura di articoli è diventata un'attività molto ricercata online.

Potete scrivere e vendere articoli o scoprire aziende o privati online che vi pagheranno per creare articoli per loro.

- Esplorate i mercati del lavoro online. In genere, questi mercati consentono agli scrittori freelance di fare offerte per compiti di scrittura o di offrire le proprie capacità a datori di lavoro e aziende che cercano contenuti di qualità da scrittori freelance. Entrambe le parti possono decidere un prezzo prima dell'inizio dell'incarico e voi riceverete il pagamento dopo aver completato i vostri progetti di scrittura. È possibile trovare prospettive di scrittura freelance online anche visitando i mercati del lavoro online.

- Scrivere copie pubblicitarie. Se siete competenti nel linguaggio delle vendite, potete anche scrivere testi pubblicitari per le aziende. In effetti, copie pubblicitarie ben scritte sono richieste online a causa della proliferazione di pubblicità online e della tendenza delle aziende a spostare le proprie attività online. Approfittate di questa esigenza e guadagnate creando copie di annunci.

- Scrivere comunicati stampa La scrittura di comunicati stampa è un'ulteriore alternativa per gli scrittori freelance online. Questo può anche essere una componente degli sforzi di marketing di aziende e imprese. Pertanto, è possibile ottenere denaro anche da questi progetti di scrittura.

- Scrivere un eBook. Se avete la passione per la scrittura e un'altra area di competenza, potete pubblicare un eBook e venderlo online. Gli eBook sono stati uno dei prodotti digitali più popolari venduti online e, dal punto di vista dell'autore, è anche uno dei prodotti più redditizi che si possano vendere online. Quando si vendono gli eBook, non è necessario considerare le spese di stampa e pubblicazione, che sono tra gli aspetti più costosi della vendita dei libri. Con gli eBook è possibile vendere direttamente senza preoccuparsi della distribuzione, poiché i clienti possono sempre scaricare i contenuti online.

7. BLOGGING.

Fare soldi con i blog è l'approccio più efficace per iniziare a guadagnare online settimanalmente. C'è molta ambiguità quando si cerca di determinare la strategia ottimale per monetizzare un blog. Mi sono sentito in dovere di scrivere un saggio per informare chiunque voglia creare un blog e iniziare a guadagnare.

La scelta di una nicchia per un blog è il primo passo per guadagnare con il blogging. Una nicchia è semplicemente un sinonimo di mercato. In sostanza, dovreste scegliere un argomento di cui vi sentite a vostro agio a scrivere sul blog. Un argomento di cui siete entusiasti o almeno interessati è una scelta eccellente.

La seconda fase consiste nel selezionare una piattaforma di blogging. Una piattaforma di blogging è un software che utilizzerete per creare e mantenere un sito web blog. Piattaforme eccellenti sono blogger blog e WordPress.

Vi consiglio di leggere le recensioni e di scegliere la piattaforma più adatta a voi. Vi consiglio di gestire il vostro blog invece di utilizzare un servizio di hosting gratuito. Per fare soldi con i blog è necessaria la massima flessibilità possibile, e il fatto di avere un blog ve la garantisce.

Il terzo passo consiste nel riempire il vostro blog di contenuti sufficienti. Il contenuto del vostro blog è costituito dalle informazioni che presentate. Oggi è possibile presentare queste informazioni in formato testuale, audio o video. Potete farlo da soli, assumere un freelance o impostare dei feed RSS per alimentare automaticamente i contenuti del vostro blog.

Il quarto passo consiste nel monetizzare il vostro blog attraverso pagine di recensioni affiliate e annunci pubblicitari di Google Adsense. Questo è un metodo eccellente per guadagnare con il blogging. Non siete nemmeno obbligati a vendere il vostro prodotto.

Potete trovare molti programmi di affiliazione legati alla vostra specializzazione e guadagnare considerevolmente da articoli e programmi di reddito residuo. Potete integrare AdSense nel vostro sito per generare ulteriori entrate; la cosa migliore è che è completamente gratuito.

Il quinto passo consiste nel generare traffico verso il vostro blog. I metodi di traffico gratuiti come l'ottimizzazione per i motori di ricerca, i commenti sui blog, lo scambio di link, l'article marketing, il forum marketing e i social network possono fare miracoli per il traffico del vostro sito web.

Una volta che il vostro blog riceve un traffico costante e produce denaro, dovrete crearne uno nuovo. Una volta completato il processo per la prima volta, scoprirete che fare soldi con i blog è piuttosto semplice.

8. MARKETING SU INTERNET.

Il marketing su Internet è uno dei modi più veloci per guadagnare online. Questo non si applica alla promozione di se stessi, ma piuttosto al marketing per altre aziende.

- È possibile farlo se si ha familiarità con alcuni processi di marketing su Internet. La cosa sorprendente è che molti di questi metodi sono gratuiti o poco costosi. Per esempio:

- Potete creare un blog per un'azienda, contribuirvi e utilizzarlo per generare link al suo sito web.

- Potete guadagnare nuovi clienti creando per loro una pagina di social network su uno o più siti di social network.

- Pubblicando su gruppi e forum, potete aumentare il numero di collegamenti in entrata al loro sito web.

- Potete fare article marketing per loro conto per portare traffico al loro sito web.

- Potete gestire campagne AdWords.

- Potete scrivere comunicati stampa per aumentare il traffico verso il loro sito web e la loro attività.

Ci sono molti modi per garantire il successo dei vostri clienti. È meraviglioso che questi compiti possano essere portati a termine rapidamente. È possibile portare a termine una notevole quantità di attività di marketing in una settimana, consentendo di guadagnare rapidamente.

È possibile richiedere un deposito anticipato e il saldo al termine del lavoro. In questo modo i fondi necessari sono immediatamente in vostro possesso. Per ottenere il resto, dovete completare il lavoro, quindi assicuratevi di ottenere risultati.

Come potete vedere, il marketing su Internet ha il potenziale per generare entrate sostanziali. È possibile creare un ufficio da casa e farlo spesso, perché le persone e le aziende cercano continuamente modi economici per promuovere le loro attività.

Provate quello che ho fatto io se avete bisogno di soldi subito o entro un'ora. Oggi sto guadagnando più soldi di quanti ne abbia guadagnati con la mia precedente attività, e potrete farlo anche voi se cliccherete sul link sottostante e leggerete l'incredibile storia vera. Dopo l'iscrizione ho avuto solo dieci secondi di sospetto prima di capire di cosa si trattasse. Anche voi sarete raggianti da un orecchio all'altro, come lo sono stato io.

9. VIDEO MARKETING.

Negli ultimi anni si è scritto molto sull'importanza di aggiungere il video marketing al vostro arsenale di Internet marketing. Questo ha senso perché il video marketing è ormai efficace e può essere un modo straordinario per generare denaro veloce ogni settimana. Esploriamo le tre fasi indicate di seguito.

Create un video promozionale per il vostro prodotto. Se volete commercializzare un prodotto o un servizio, la creazione di video è un ottimo metodo. Non è così difficile come si crede. È necessario disporre di una videocamera e di un microfono a basso costo. Su YouTube è possibile vedere video istruttivi su come fare.

In alternativa, potete utilizzare un'applicazione per la creazione di filmati come Animoto. In sostanza, si costruisce un video di presentazione con immagini e parole. Si tratta di uno strumento fantastico perché è possibile aggiungere musica e caricare i video direttamente su YouTube e altri siti di condivisione video.

Il rivenditore crea il video. Molti programmi a cui si può aderire per guadagnare denaro ora prevedono filmati promozionali.

I video possono essere aggiunti a un sito web o a un blog esistente. È possibile inserirli in una pagina di destinazione, portare i visitatori su quella pagina e consentire al video di promuovere il proprio prodotto o servizio.

Questo metodo è diventato prevalente nel marketing di affiliazione e nel network marketing.

Con queste strategie commerciali, vendete prodotti o reclutate persone che vendano prodotti per vostro conto.

La concentrazione è soprattutto sulla generazione di contatti. I video sono già stati prodotti dall'azienda che rappresentate. Questo vi permette di concentrarvi sul marketing e sull'utilizzo degli strumenti e delle risorse messe a disposizione.

Offrite un servizio di produzione video. Se scoprite che vi piace generare video, c'è un vasto mercato per i vostri talenti che non è ancora stato sfruttato.

Potete rendere questo servizio elaborato o semplice a vostro piacimento. Ad esempio, nel marketing commerciale locale, potreste visitare un'azienda, scattare delle fotografie, sedervi e scrivere del testo, per poi montare il tutto in un video da caricare sul sito web dell'azienda.

Attualmente, praticamente tutti i marketer di Internet hanno bisogno di assistenza per creare video e caricarli su YouTube. Fornire un servizio di video marketing vi terrà occupati quanto desiderate e sarà di grande utilità per i vostri clienti.

Questi sono tre metodi per guadagnare con il video marketing. Potete essere creativi quanto volete e guadagnare con questa attività a tempo parziale o addirittura a tempo pieno.

È essenziale unirsi a una tendenza al suo inizio e "cavalcare l'onda". In questo modo potrete elaborare il vostro piano d'azione e la vostra campagna di vendita e massimizzare i vostri profitti. Dovete cercare rivenditori che offrano ciò che vi serve a prezzi ragionevoli. Nulla al mondo è senza costi.

La ricerca di video tutorial su Internet può richiedere molto tempo, ma esiste una scorciatoia. Bisogna solo trovarla.

È impossibile sopravvalutare l'effetto dei video su un sito web. Cosa vorreste fare: leggere un sito di 300 parole o guardare un video di 10 minuti che dimostra come realizzare qualcosa passo dopo passo? Se siete come me, la seconda opzione è valida.

Potete spiegare qualsiasi cosa a voce per tutto il giorno, ma la capisco subito se la dimostrate. Ricordate che un'immagine vale più di mille parole e se l'immagine è animata, tanto meglio.

Immaginate di scoprire una risorsa che vi offre, per così dire, un "vantaggio". Vi avvia alla vendita e genera un reddito mentre studiate. È molto meglio! Le offerte speciali e i siti web promozionali esistono, ma devono essere scoperti.

10. FOTOGRAFIA.

Esistono modi semplici per guadagnare denaro velocemente. Basta sapere dove cercare e rendersi conto che è possibile utilizzare le proprie capacità per guadagnare una quantità considerevole di denaro. L'utilizzo di Photoshop è un ottimo approccio per guadagnare rapidamente.

Questo perché le persone sono disposte a pagare per una grafica attraente. Potete creare pennelli, che attualmente sono molto popolari su Internet. Potete esaminare ciò che è disponibile su Internet e compilare la vostra collezione.

Le persone li acquisteranno in massa. La cosa migliore è che vi facciate pubblicità da soli. Esistono alcuni siti web ai quali potete rivolgervi. Potreste anche essere in grado di negoziare con i siti di foto stock.

È anche possibile fare soldi con Photoshop creando un negozio online e vendendo le immagini. Potete avviare il vostro negozio online in un giorno e vendere le vostre opere d'arte in una settimana. Potete anche partecipare a concorsi di design grafico che offrono premi vantaggiosi per i lavori migliori. Se avete un po' di creatività con Photoshop, questa è una tecnica eccezionale per svolgere il compito.

Come potete vedere, è possibile generare reddito da qualcosa che già possedete. Le immagini sono molto popolari su Internet. Le persone ne hanno bisogno anche per i loro blog, siti web e pubblicazioni cartacee. Pagheranno per utilizzarle. Si innamoreranno di un'immagine fantastica quando la vedranno.

Provate quello che ho fatto io se avete bisogno di soldi immediatamente o entro un'ora. Oggi sto guadagnando più soldi di quanti ne abbia guadagnati con la mia precedente attività, e potrete farlo anche voi se cliccherete sul link sottostante e leggerete l'incredibile storia vera. Dopo l'iscrizione ho avuto solo dieci secondi di sospetto prima di capire di cosa si trattasse. Anche voi sarete raggianti da un orecchio all'altro, come lo sono stato io.

11. FOTOGRAFIA STOCK.

Molti individui lavorano principalmente per guadagnare denaro, ma questo potrebbe non dare loro la felicità. Tuttavia, alcuni hanno la fortuna di guadagnare denaro perseguendo il loro amore. Uno di questi metodi è la fotografia. Alcuni fotografi hanno ricevuto una formazione professionale.

In genere, sono affiliati a un'agenzia o lavorano in modo indipendente. Ma ce ne sono molti altri, come voi e me, che semplicemente amano fotografare persone, oggetti ed eventi. Ecco l'opportunità di guadagnare dal proprio passatempo. L'universo delle foto stock è tutto da esplorare.

Prima di parlare di come generare denaro con questo hobby, esaminiamo cos'è la fotografia stock. Si tratta della disponibilità di immagini su licenza per determinati usi. Potreste essere sorpresi dalla domanda di immagini stock. I designer grafici e di siti web, le agenzie pubblicitarie online e le case editrici le richiedono.

L'aspetto migliore della fotografia stock è che non è necessario essere esperti per guadagnare con essa. Tutto ciò che è richiesto è una passione per la fotografia mista a immaginazione. Gradualmente, svilupperete la capacità di farvi pubblicità con successo e, di conseguenza, di guadagnare!

Alcuni potrebbero obiettare che la fotografia di stock paga poco per le singole immagini. Tuttavia, coloro che si lamentano di questo aspetto vedono una situazione in cui "il bicchiere è mezzo pieno". È vero che le fotografie stock possono essere acquistate a partire da 1 dollaro, ma la realtà è che numerose persone possono utilizzare una determinata immagine.

A questo si aggiunge il fatto che la stessa immagine può essere caricata su molti siti web. Un rapido calcolo rivela che questo è un modo sicuro per guadagnare una bella somma! Oggi, alcuni individui possono vivere di fotografia stock grazie al suo enorme potenziale di guadagno.

Ma come si fa a guadagnare con la fotografia stock?

Ecco alcuni suggerimenti per iniziare. Creare una collezione di immagini originali è il passo iniziale più ovvio. Cercate di integrare un senso di originalità nelle immagini e nelle prospettive che catturate.

Dovete considerare l'ampiezza della vostra collezione. Alcuni preferiscono specializzarsi in un argomento specifico e diventare fornitori di nicchia. Altri vogliono coprire un'ampia gamma di argomenti. La decisione spetta esclusivamente a voi.

Il passo successivo per guadagnare con la fotografia stock è creare un account online con i siti web di fotografia stock. Le società di fotografia microstock sono aziende che accettano immagini da una varietà di fotografi, compresi i dilettanti e gli hobbisti.

Hanno un modello commerciale a basso prezzo e ad alto volume. ShutterStock.com, BigStockPhoto.com, Fotolia.com, 123rf.com e Dreamstime.com sono tra i più noti siti web di microstock. Con alcuni di essi è possibile creare un account.

Successivamente, viene creata una cartella di esempio. Questa è la vostra opportunità di dimostrare il vostro talento e di essere scelti. Selezionate alcune delle vostre immagini più belle e caricatele. Ecco un suggerimento utile. Assicuratevi che i titoli delle immagini pubblicate siano concisi e pertinenti.

Questo può aiutare le persone che cercano immagini a trovare rapidamente quelle pertinenti.

Se volete guadagnare con la fotografia di stock, dovreste esaminare le linee guida di ciascun sito di microstock. Queste regole disciplinano il tipo di immagini che possono essere pubblicate, le loro dimensioni, la qualità tecnica e la fattibilità commerciale.

Puntate a caricare un gran numero di immagini di alta qualità. Questo aumenterà le probabilità che le vostre immagini vengano scelte e vi aiuterà a raggiungere il vostro obiettivo di guadagno. Continuate ad aggiungere altre immagini con il passare del tempo. Presto vi accorgerete che il vostro hobby è diventato una fantastica fonte di reddito.

12. CRAIGSLIST.

Se siete alla ricerca di denaro rapido, il mio primo consiglio è quello di vendere su eBay, che si è rivelato il modo più semplice per guadagnare online, seguito dalle scommesse sportive di arbitraggio e dal marketing di affiliazione o di rete. Se volete generare un reddito sostanziale e duraturo che possa sostituire il vostro reddito attuale, il marketing di affiliazione o di referral è la strada da seguire.

Alla luce di quanto sopra, in questo post vi mostrerò un modo pratico per iniziare a guadagnare immediatamente. Gli studenti universitari hanno utilizzato questo metodo per ottenere entrate settimanali superiori a 300 dollari. Se siete seri, potreste guadagnare almeno 500 dollari a settimana con questo metodo.

Per utilizzare appieno questa tecnica avrete bisogno di Craigslist e di un account eBay. Utilizzerete Craigslist per ottenere prodotti a prezzi scontati rispetto a quelli di eBay, poi andrete su eBay e li acquisterete.

Molti degli oggetti in vendita su Craigslist sono pubblicati da venditori che hanno fretta di sbarazzarsi delle loro cose. Cercano di vendere gli oggetti su eBay perché non possono aspettare. Questa settimana hanno bisogno di soldi per le bollette, l'affitto e il cibo.

Poiché hanno bisogno di denaro immediato, molte persone sono disposte a vendere fotocamere digitali e altri oggetti elettronici di alto valore a un prezzo nettamente inferiore a quello richiesto da eBay.

L'elettronica è una scelta sicura, ma si può puntare a qualsiasi categoria merceologica. Il primo passo è creare un account eBay e iniziare ad accumulare crediti. Tenete traccia del prezzo di vendita dei prodotti che desiderate acquistare.

Supponiamo che una particolare marca di fotocamera digitale venga venduta a 200 dollari su eBay, ma sia pubblicizzata a 180 dollari su Craigslist. Contattate il venditore e diteglì: "Ehi, sono disposto a pagarla 150 dollari oggi; incontriamoci al vicino Berger King".

Più del cinquanta per cento delle volte accettano l'offerta. La maggior parte di questi individui è alla ricerca disperata di contanti, quindi non gli dispiacerà perdere venti o trenta dollari se glieli offrite oggi.

Puntate a tre-cinque appuntamenti giornalieri. Un consiglio: siate intelligenti. Non incontrate mai qualcuno a casa sua, non entrate in casa sua e non fatelo entrare nella vostra auto. Incontratevi sempre in un luogo pubblico, come McDonald's, KFC o Bergen King. Questo piano esiste da molti anni e continuerà a essere efficace per tutti coloro che cercano modi semplici per creare denaro.

13. SERVIZIO DI CONSEGNA.

La creazione di un servizio di consegna è un'alternativa valida che può generare rapidamente un reddito. Potete renderlo più particolare, come ad esempio un servizio di consegna di biancheria, oppure fornire servizi di consegna generici per tutto ciò di cui i clienti hanno bisogno. Che si tratti di consegnare una cena per la famiglia o un letto nuovo, non c'è praticamente limite alla varietà di articoli che si possono fornire.

Si tratta di un'ottima alternativa poiché, a seconda della consegna, è possibile inserirla nei propri orari. Ad esempio, se trasportate mobili, potete fissare appuntamenti nei fine settimana o la sera quando siete disponibili. È sufficiente pubblicare qualche annuncio. Anche i forum gratuiti, come CraigsList.org, consentono di pubblicizzare gratuitamente i propri servizi nella maggior parte delle località.

Potete decidere di sfruttare questa possibilità solo per poche settimane, se siete alla ricerca di modi semplici e veloci per fare soldi a breve termine. Tuttavia, è anche un ottimo modo per risparmiare per una vacanza o per i regali delle vacanze nel lungo periodo.

Provate quello che ho fatto io se avete bisogno di soldi subito o entro un'ora. Oggi guadagno più soldi di quanti ne guadagnassi con la mia precedente attività, e anche voi potete farlo.

14. SVILUPPARE UN IMBUTO DI VENDITA SEGRETO.

In questa sezione, vi fornirò altri consigli per generare denaro online utilizzando un imbuto di vendita segreto.

Utilizzare la vostra serie di autoresponder per fare soldi online con il pilota automatico è il primo consiglio.

La combinazione di marketing di affiliazione e email marketing è l'approccio più semplice per raggiungere questo obiettivo. Create una serie di messaggi autoresponder per tre mesi, sei mesi, un anno o addirittura due anni.

Riempite il vostro autoresponder con contenuti o serie senza tempo. In questo modo si elimina la necessità di aggiornare nuovamente il testo dell'autoresponder. Assicuratevi che anche il prodotto che state promuovendo sia un prodotto sempreverde.

Una volta che avete il vostro prodotto e la vostra serie di e-mail, potete iniziare a costruire la vostra mailing list. Le vostre vendite funzioneranno automaticamente. Permettetegli di chiudere gli affari e di generare reddito per voi. Certamente, questo è un modo legittimo di guadagnare online. Potrete generare un reddito costante per un periodo molto lungo.

Dimostrare che si ha a cuore i propri lettori o abbonati.

Ho appena dimostrato che questa è la vera tecnica per fare soldi online. Tuttavia, non dovete considerare i vostri iscritti come macchine per fare soldi in miniatura. Quando le persone vedranno questo, si cancelleranno immediatamente dalla vostra mailing list.

Dovete dimostrare di avere a cuore i vostri lettori o abbonati. Fate loro una doccia di compassione. Fate capire loro che riconoscete la loro situazione. Desiderate sinceramente aiutarli a risolvere il problema.

Quando si sono iscritti alla vostra mailing list, i vostri abbonati avevano determinate aspettative sul tipo di informazioni che avrebbero ricevuto. Pertanto, dovete mantenere le promesse fatte in precedenza.

Consegnate la newsletter settimanale se l'avete promessa. Se avete promesso loro un prodotto gratuito, dovete consegnarlo. Gli iscritti insoddisfatti smetteranno di leggere le vostre e-mail o si cancelleranno del tutto.

Ecco che cosa dovreste sottolineare nella vostra campagna e-mail:

Empatizzare con la situazione degli abbonati;

promuovere solo prodotti di alta qualità; quando si effettuano recensioni di prodotti, bisogna essere onesti; e occasionalmente fornire consigli utili agli abbonati.

Questo non genererà denaro rapido, ma è una tecnica legittima per guadagnare online. In questo modo aumenterete senza dubbio la fiducia, con conseguenti guadagni a lungo termine.

Mantenete gli iscritti impegnati nelle vostre comunicazioni.

L'obiettivo finale dello sviluppo di una mailing list è quello di stabilire un rapporto con gli iscritti, prima di considerarlo un mezzo valido per guadagnare online.

Se offrite un omaggio come "esca" per invogliare un potenziale cliente a iscriversi alla vostra mailing list, gli iscritti accetteranno l'omaggio e smetteranno di leggere le vostre e-mail.

Cosa dovreste fare? Quando offrite un omaggio non annunciato nella vostra prima e-mail, informate i vostri abbonati che sono in arrivo altri "extra a sorpresa". Poi, fate in modo di inviare omaggi circa una volta al mese.

In questo modo manterrete l'attenzione degli abbonati. Essi apriranno e leggeranno i vostri messaggi e-mail. Di conseguenza, svilupperete un rapporto con i vostri abbonati. Questa è un'ottima opportunità per vendere loro altri prodotti di affiliazione.

Ora, vedete questa legittima opportunità di guadagno online? Basta convertire un "cercatore di omaggi" in un lead redditizio.

Combinare l'email marketing e il marketing di affiliazione e creare altro valore per i vostri abbonati costruendo fiducia e relazioni è la chiave per fare soldi online. Applicate i consigli di cui sopra e avrete denaro nel vostro conto in banca.

15. PARTECIPAZIONE A SONDAGGI RETRIBUITI.

Fare sondaggi è uno dei metodi più semplici per ottenere denaro online. Deve essere uno dei modi più semplici per guadagnare altro denaro utilizzando solo un computer e una connessione a Internet, dato il minimo tempo di configurazione e la mancanza di investimenti iniziali.

Come iniziare.

Utilizzate un sito web gratuito per la selezione dei sondaggi retribuiti che fornisca informazioni su ciascun programma del sito di sondaggi nella vostra nazione. Questo fornirà altre informazioni riguardanti l'età minima, l'importo pagato per sondaggio e il metodo di pagamento (contanti o buoni).

Una volta individuati alcuni siti affidabili che forniscono ricompense in denaro o in buoni, iscrivetevi a ciascuno di essi e convalidate il vostro indirizzo e-mail. Potreste aver scoperto cinque o più siti su cui registrarvi e potrebbero volerci ore per completare ogni profilo. Procuratevi quindi la vostra bevanda preferita e mettetevi al computer.

Dopo l'iscrizione, la conferma e la compilazione del profilo, è probabile che abbiate già accumulato denaro o punti. Questi punti equivalgono all'importo in denaro indicato sul sito web. Nei prossimi giorni, dovreste iniziare a ricevere molti inviti via e-mail a partecipare a sondaggi retribuiti.

Se ne trovate uno che vi piace, cliccate sul link per accedere al sito web in cui è ospitato il questionario del sondaggio. Da questo momento in poi, potrete avere molte o centinaia di domande a cui rispondere. Più lungo è il sondaggio, maggiore è il compenso offerto dai siti di sondaggi.

Oltre agli inviti ai sondaggi in denaro, riceverete inviti a estrazioni di premi in denaro. Questi non dovrebbero essere trascurati per due motivi: la possibilità di vincere e di completare i sondaggi vi rende un candidato appetibile per i sondaggi futuri.

Più sondaggi completate ora, più opportunità avrete in futuro e maggiori saranno le possibilità di vincere uno di questi premi, per quanto improbabili.

Dopo aver completato alcuni sondaggi con pagamento in contanti su ogni sito scelto in precedenza, avrete accumulato una notevole quantità di contanti o punti. Una volta raggiunta la soglia minima di pagamento, potrete richiedere il pagamento tramite assegno e, occasionalmente,

PayPal. Alcuni di essi trasmettono il pagamento alla fine di ogni mese automaticamente.

Avete lavorato sodo e risposto a molte domande su oggetti che usate, prodotti che vi piacciono e servizi che avete incontrato; qual è la vostra ricompensa?

Dopo alcune settimane di battitura e clic, potreste aprire una busta con un assegno di importo compreso tra 10 e 50 dollari o tra 10 e 50 sterline. Se avete la fortuna di essere selezionati a caso, potreste vincere un premio in denaro di 10.000 dollari o 5.000 sterline.

Partecipare a sondaggi retribuiti è il modo più semplice per guadagnare online. È gratificante e vi offre la rara opportunità di influenzare le più grandi aziende del mondo.

16. PRODOTTI A MARCHIO PRIVATO.

I prodotti a marchio privato sono l'approccio più efficace per fare soldi senza il vostro prodotto. I prodotti a marchio privato sono, in poche parole, prodotti fabbricati da un'azienda ma venduti con marchi diversi.

Il concetto può lasciare un po' perplessi, quindi permettetemi di spiegarlo. Consideriamo che il produttore A produca schermi per computer. Questo produttore produce schermi per computer per chiunque, ma ogni schermo deve essere identico.

Poi, aziende come Sony o Toshiba ordinano prodotti dal produttore A ma li propongono come prodotti Sony o Toshiba. In realtà si tratta degli stessi prodotti, ma a causa del marchio possono praticare prezzi diversi.

Finché il prodotto è di ottima qualità, nessuno si preoccupa se le aziende adottano questa pratica. Sony e Toshiba non lo fanno per i grandi progetti, ma potete scommettere che lo fanno per quelli più piccoli. Come si fa a trarre profitto da questa pratica?

Potete promuovere e vendere i vostri prodotti a marchio privato su siti come eBay. Gli ebook sono probabilmente i prodotti a marchio privato più facili da commercializzare. Basta creare una nuova copertina e indicare che siete l'autore e il gioco è fatto. In genere, è necessario acquistare i diritti di questi ebook, che possono costare da pochi dollari a molte migliaia di dollari.

Tutto dipende dalla qualità dei libri elettronici. Sarebbe meglio non preoccuparsi della qualità, perché in genere è possibile leggerli prima di acquistarli. Assicuratevi solo di avere il diritto di venderli, altrimenti potreste ritrovarvi a guardare in faccia la canna del fucile di un avvocato.

Se non vi piace vendere prodotti altrui, potete produrne di vostri e vendere diritti a marchio privato. Non sarebbe fantastico se migliaia di persone si rivolgessero a voi per acquistare il vostro prodotto? Non ricevereste una commissione per ogni vendita, ma se faceste pagare 100 dollari a chi vende il vostro ebook e lo rivendica come proprio, non sarebbe poi così terribile.

Anche se scriveste un solo ebook a settimana, vi basterebbe vendere i diritti a sette o otto persone per essere redditizi. La maggior parte delle persone che acquistano un libro non lo leggono nemmeno; vogliono solo vedere i segni del dollaro, e a voi dovrebbe andare bene così.

Tuttavia, non dovete limitarvi agli ebook; potete creare e vendere diversi prodotti digitali e fisici a marchio privato. Ho consigliato solo le versioni digitali perché la loro riproduzione è gratuita. Inizierei a vendere questi prodotti a marchio privato in formato digitale prima di passare a formati più grandi.

Tuttavia, se volete fare soldi, dovete iniziare a dare un marchio ai vostri prodotti. Create un nome aziendale da apporre su tutti i vostri prodotti, in modo che i consumatori associno gradualmente il vostro nome alla qualità.

Quale dispositivo MP3 preferireste se poteste scegliere tra un iPod e un lettore MP3 di colore diverso che non porta il nome iPod? Poiché le persone possono vedere solo la superficie dei prodotti, a volte non sanno che sono identici. L'unica cosa che conta per loro è che hanno un iPod e non un lettore MP3 standard, anche se potrebbero essere identici.

Nella produzione di prodotti a marchio privato, il branding può essere uno strumento molto efficace. Non importa se volete venderli o produrli, perché le opportunità di profitto sono ampie. La strategia più redditizia per la vendita di prodotti a marchio privato è sceglierne uno e mantenerlo.

17. VENDITA DI OPERE D'ARTE.

Vi siete mai chiesti come capitalizzare le vostre capacità artistiche per produrre altro denaro per la vostra famiglia?

La mia capacità di "pensare fuori dagli schemi" è stata messa alla prova ogni volta che il mio reddito è diminuito, a causa di recessioni, crisi finanziaria globale o fluttuazioni generali del mercato. Dopo un'approfondita ricerca e prove ed errori, ho elaborato tre strategie che vi aiuteranno a guadagnare con il vostro lavoro, se le metterete in pratica.

Modi intelligenti per trarre profitto dalla propria arte.

- Vendete le vostre opere d'arte online e ricevete royalties per gli anni a venire.

- Vendete le vostre lezioni d'arte a studenti interessati a imparare "come si fa".

- Altri vendono le vostre opere d'arte e le vostre lezioni di pittura.

Come viene eseguito?

1. Vendete le vostre opere d'arte online e ottenete royalties annuali.

Questo è il mio modo intelligente n. 1, perché il guadagno è continuo: ricevo mensilmente assegni di royalty per lavori completati più di 10 anni fa. Si tratta di una tecnica molto intelligente per guadagnare con le vostre opere d'arte, ma dovete sapere cosa state facendo per assicurarvi il successo.

Chi mi pagherà per la mia arte?

Cosa sono i mercati?

Dovete innanzitutto stabilire quali sono i mercati che potrebbero essere interessati alle vostre opere d'arte. Vi piace creare paesaggi? O animali? O personaggi animati? O auto e moto? O i nudi? O sei più astratto? O caricature?

Ognuno di questi ha mercati distinti che possono essere utilizzati per generare royalties per decenni. Alcuni distributori di questo tipo di arte sono le aziende di puzzle, i fornitori di sfondi per computer e cellulari e le aziende di articoli per la casa.

Ognuno di questi settori distinti si affida ad artisti creativi e innovativi come voi per sviluppare altri "PRODOTTI" per loro. In effetti, voi siete il creatore del prodotto, mentre loro sono i venditori del prodotto. Ecco come funziona.

2. Vendete le vostre lezioni d'arte online.

Ora, la raccomandazione più ovvia è quella di costruire un sito web e impostare un carrello della spesa, e sarete sulla strada del successo, ma se fosse così semplice, non lo farebbero tutti? In realtà, non è questo il vostro scopo. Vi distinguerete dalla massa e avrete studenti che pagheranno la vostra retta per sempre o fino a quando la vostra istruzione artistica rimarrà popolare.

Come si può ottenere questo risultato?

A tutti piace guardare, giusto? Amano osservare gli altri e trarre suggerimenti su come fanno le loro magie. Indipendentemente dalla vostra inclinazione, se avete imparato la vostra professione, potete suscitare interesse nell'apprendimento delle vostre tecniche con questa semplice metodologia a costo zero.

A) Create un account su YouTube.

B) Documentarsi mentre si crea arte.

C) Caricare su YouTube alcune lezioni video introduttive.

Una volta caricate le vostre opere d'arte su YouTube e su tutti gli altri grandi siti di condivisione video, monitorate il traffico verso il vostro sito web per avere maggiori informazioni. Alcuni dei miei filmati hanno ricevuto cinquantamila visualizzazioni in meno di un anno.

Si tratta di una quantità significativa di traffico mirato per il vostro sito web e per le offerte "Film completo su DVD consegnato a casa vostra per 39,95 dollari" e "ebook in versione rapida da scaricare per 29,95 dollari". Ho dei "Come fare per. Prodotti" che hanno venduto praticamente ogni giorno negli ultimi mesi, e la cosa migliore è che il mercato è stabile nonostante l'economia instabile.

3. Fate in modo che altri vendano la vostra arte e le vostre lezioni d'arte!

Questa è anche una tecnica intelligente e popolare per generare denaro online vendendo opere d'arte. Creare opere d'arte, come nell'esempio 1, e vendere rette, come nell'esempio 2, vi prepara adeguatamente per il passo successivo: reclutare AFFILIATI che vendano le vostre opere d'arte per vostro conto.

Un vasto esercito di persone che vendono prodotti online a un pubblico che spesso accede ai siti web che controlla. Trascorrono la maggior parte del loro tempo a generare contenuti per i blog, a rispondere ai post dei forum e a mantenere il sito web, lasciando loro poco tempo per creare opere d'arte come voi e me.

Pertanto, le persone che hanno il traffico di un sito web (molti siti web popolari ricevono decine di migliaia di visitatori unici al giorno) sono in una posizione privilegiata per vendere la vostra merce, le opere d'arte su commissione e i prodotti artistici "come fare".

Molti affiliati che promuovono i miei ebook vengono compensati solo se generano una vendita.

Niente stipendio base, ferie o malattia pagate e solo commissioni sulle vendite: questo è il mio tipo di forza lavoro! Non c'è niente di meglio.

Potete rivolgervi a centinaia di proprietari di siti web con la vostra "carta da parati con caricatura di celebrità più venduta della settimana" e far sì che la vendano per vostro conto con una commissione. Non ci sono limiti a queste regioni ricche e, con la vostra sfrenata creatività artistica, fareste bene a seguire queste tre accorte strategie internet per trarre profitto dalla vostra arte.

18. PODCAST.

Come desiderate trarre profitto dal vostro podcast? Come podcaster, la possibilità che il vostro podcast produca entrate è un altro vantaggio. In qualità di podcaster, non dovete preoccuparvi di costi generali elevati e la maggior parte dei guadagni del vostro podcast sarà costituita da profitti.

Esistono tre modi principali per generare entrate con un podcast.

1. Generare entrate da sponsor commerciali.

La sponsorizzazione commerciale dei podcast è uno dei modi più efficaci per creare denaro per il vostro podcast. Se riuscite ad assicurarvi uno sponsor importante, il vostro podcast può generare una notevole quantità di denaro. Con il passare del tempo, le grandi aziende iniziano a comprendere il vero valore del podcasting.

Paige e Gretchen, due madri della Virginia, riconoscono l'importanza degli sponsor commerciali. Conducono una trasmissione settimanale dedicata alle madri, chiamata MommyCast. Paige ha cinque figli, mentre Gretchen ne ha due.

Earthlink e Dixie sono i due principali sponsor del loro programma. Di conseguenza, ottengono un reddito significativo attraverso la sponsorizzazione commerciale del loro programma. Probabilmente non avevano idea della popolarità del loro podcast quando hanno iniziato a produrlo. Tuttavia, Earthlink e Dixie hanno visto l'importanza del loro programma e hanno scelto di diventare sponsor. http://www.mommycast.com/

Se due madri della Virginia sono riuscite a fare questo, allora chiunque può farlo. Non fa differenza dove si risiede o di cosa si parla nel podcast. Se riuscite ad attirare un pubblico consistente, avrete maggiori possibilità di attirare grandi sponsor per il vostro podcast.

La sponsorizzazione commerciale dei podcast è un metodo fantastico per creare un flusso di denaro consistente. Se riuscite ad assicurarvi un grande sponsor, potrete generare un reddito significativo come podcaster. Il fatto che due organizzazioni influenti, Earthlink e Dixie, considerino il podcasting come un mezzo per raggiungere potenziali clienti è un'ottima notizia per tutti i podcaster.

Quando un grande sponsor fa pubblicità alla radio tradizionale, la trasmissione della stazione radio è limitata a una particolare regione geografica. Con il podcasting, invece, non ci sono restrizioni geografiche. Chiunque abbia un computer o un lettore

MP3 può ascoltare il programma. Di conseguenza, questo è un fattore di vendita eccezionale per i potenziali sponsor.

2. Generare reddito attraverso le donazioni.

Le donazioni sono un altro metodo per creare entrate con il podcast. Ad esempio, Adam Kempenaar e Sam Hallgren presentano il podcast bisettimanale Cinecast da Chicago.

Valutano vari film e forniscono i loro commenti. Il loro podcast sta guadagnando rapidamente popolarità e continua ad espandersi regolarmente. http://www.cinecast.com/

Se visitate iTunes, non noterete che sono evidenziati nella directory dei podcast. Questo è un enorme vantaggio per Cinecast. http://www.apple.com/itunes/podcasts/

Adam e Sam hanno deciso di monetizzare il loro podcast sollecitando donazioni. Sul loro sito web è presente un pulsante PayPay che gli ascoltatori possono utilizzare per effettuare un pagamento al podcast. PayPal gode di una reputazione favorevole e rappresenta un metodo ideale per raccogliere donazioni.

Presentare informazioni importanti al vostro pubblico farà sì che apprezzino i vostri sforzi e siano più disposti a contribuire. Tuttavia, Cinecast sarà probabilmente in grado di ottenere sponsor nazionali nel corso del tempo.

Man mano che il vostro seguito si espande, le donazioni sono un ottimo metodo per generare denaro quando iniziate a fare podcasting.

3. Sfruttare il proprio sito web o blog.

Il terzo metodo per monetizzare il podcast consiste nell'inserire annunci pubblicitari sul proprio sito web o blog. Google AdSense è una tecnica per raggiungere questo obiettivo. AdSense inserisce annunci pubblicitari sul vostro sito web e voi ricevete un compenso quando un utente clicca su un annuncio. https://www.google.com/adsense/

L'utilizzo di Clickbank per promuovere diversi prodotti sul vostro sito web o blog è un'altra opzione per ottenere entrate. È possibile commercializzare più di 10.000 prodotti ClickBank come affiliato. L'iscrizione come affiliato a ClickBank è gratuita e si guadagnano commissioni ogni volta che qualcuno acquista un prodotto utilizzando i link presenti sul vostro sito web. http://clickbank.com/

La chiave per produrre denaro è ottenere visibilità per il vostro podcast. La cosa migliore è informare le persone della vostra esistenza per attirare un vasto pubblico. Man mano che il vostro pubblico crescerà nel tempo, crescerà anche l'opportunità di avere sponsor commerciali. Il metodo più efficace per raggiungere questo obiettivo consiste nell'inviare il podcast a iTunes e ad altre directory di podcast.

19. GOOGLE ADSENSE.

Esistono molti modi per guadagnare con Google AdSense. Le tecniche tipiche per generare denaro con AdSense sono state sperimentate e si sono dimostrate abbastanza efficaci. Molti nuovi editori credono erroneamente che AdSense possa essere implementato solo su siti web e blog. Tuttavia, esistono molti altri metodi per utilizzare AdSense.

Tuttavia, per funzionare bene, spesso necessitano di una preparazione e di un'indagine sostanziali e possono richiedere molto più tempo per la preparazione e l'assemblaggio. Un principiante può impiegare molti mesi di duro lavoro per guadagnare con AdSense.

Tuttavia, esistono altri modi per guadagnare con Google AdSense. AdSense si è ampliato rispetto agli inizi ed è ora un sistema Pay-Per-Click ampiamente utilizzato. Attualmente esistono molti modi per generare denaro con AdSense sul web. Alcune di queste "tecniche alternative" sono nuove e spesso richiedono meno tempo per essere implementate e utilizzate.

Uno dei metodi più efficaci di utilizzo di AdSense è quello dei siti web 2.0. In pochi giorni è possibile creare un account AdSense su Blogger (una piattaforma di blogging gratuita di proprietà di Google) e, se progettato correttamente, può generare entrate in poche settimane.

È incredibilmente semplice da usare e l'iscrizione è completamente gratuita. Non ci sono costi di hosting, di dominio o di altro tipo. Molti editori hanno impiegato i blogger per generare entrate AdSense con successo.

Lo stesso vale per altri siti Web 2.0, come HubPages, Xomba e Squidoo. Sono tutti gratuiti e si può iniziare a guadagnare con Google AdSense non appena viene pubblicato il primo contenuto e si viene accettati nel programma. È anche possibile inserire annunci pubblicitari AdSense nei propri video di YouTube.

Esistono ora nuovi modi per utilizzare gli annunci pubblicitari con AdSense, che non richiedono sempre l'uso di siti web. Utilizzando AdSense per i domini, ad esempio, è possibile guadagnare con Google.

Se si dispone di un dominio poco sviluppato e di un po' di spazio web vuoto, è possibile inserire alcuni annunci AdSense e guadagnare un po' di denaro AdSense dal traffico residuo visualizzando alcuni annunci AdSense. Questo funziona solo con nomi di dominio estremamente popolari, ma utilizzare questa parte poco apprezzata del programma AdSense è possibile.

Esistono molti altri modi per guadagnare con Google AdSense. Se siete alle prime armi, non dovete limitarvi a considerare i soliti metodi di utilizzo del programma. Per avere successo, dovete imparare tutto il possibile sulle sue potenzialità, e non si sa mai: potreste scoprire una nicchia di mercato non sfruttata che potete sfruttare per guadagnare con AdSense.

20. TITOLI DI CREDITO.

Non è stato facile generare denaro rapidamente con le azioni; scoprirete che ci sono sempre ostacoli sulla strada. Il problema è tipicamente la difficoltà di individuare un luogo centrale per raccogliere informazioni accurate su molte società con mercato azionario.

Quando si compila un elenco di azioni investibili con un valore elevato, può sembrare impossibile determinare da dove iniziare. Tuttavia, è un obiettivo realizzabile; scoprite come.

L'utilizzo di un servizio di stock picking è uno dei modi migliori per guadagnare rapidamente con le azioni al centesimo. Quando trovate un fornitore professionale di servizi di selezione dei titoli, vi offrirà una ripartizione settimanale di un database basato su un programma informatico, che include informazioni su molti titoli. In genere, tutte le analisi tecniche devono essere state completate e vi verrà fornito il rapporto finale.

L'utilizzo di un servizio di selezione dei titoli che vi fornisca uno studio completo dei titoli potenzialmente validi presenta molti vantaggi, tra cui i seguenti:

- Risparmierete il tempo e gli sforzi necessari per indagare autonomamente su questi titoli redditizi.

- Poiché lavorate con fornitori di servizi di selezione di titoli esperti, potete accedere a molti investimenti in penny stock potenzialmente redditizi.

- Avete semplicemente un elenco limitato di azioni al centesimo di tendenza in cui potete investire con fiducia.

- L'analisi fornita è stata creata e programmata da un trader esperto.

Questa è una delle migliori strategie per guadagnare rapidamente con le azioni, piuttosto che procedere per tentativi ed errori con ogni investimento.

21. FORUM.

Ogni giorno, un numero crescente di Money Makers si unisce al forum sul denaro. Hanno la lungimiranza di riconoscere un potenziale vantaggio.

Ci sono molti modi per guadagnare su un forum. Ecco alcune tecniche efficaci.

1) Pubblicate contenuti di qualità e accrescete la vostra reputazione!

Senza dubbio, questo è uno dei migliori consigli per fare soldi. Migliorando la propria reputazione, si favorisce indirettamente l'amicizia e la fiducia. Nessuno affida il proprio denaro o il proprio tempo a chi non conosce bene. Condividete le vostre opinioni in buona fede.

Non fate mai una promessa che non potete mantenere. Sviluppate la fiducia e l'amicizia e presto avrete una rete vasta e solida. Avrete presto un team di costruttori che lavoreranno con voi per generare reddito online come gruppo. I grandi partner commerciali sono difficili da scoprire, ma potete prevedere molti anni di rapporti prosperi e grandi profitti una volta che li avrete trovati. Il limite è il cielo.

2.) Utilizzare la firma del forum!

Utilizzate i servizi di URL brevi, come http://be8.biz, per trasformare il vostro URL lungo in una versione più breve, consentendovi di visualizzare più pubblicità. Il sistema di firma è integrato nel forum e potete utilizzarlo liberamente. La maggior parte dei forum limita lo spazio per la firma a 150 e 250 caratteri, quindi è bene che lo sfruttiate al massimo.

Le firme sono una forma efficace di marketing. La maggior parte delle persone clicca sulla firma di una persona credibile e probabilmente si iscrive al programma che promuove. Più messaggi avete, più è probabile che i finanziatori vedano la vostra firma pubblicitaria.

Aggiornate il vostro account sul forum per aumentare la vostra esposizione!

Per una cifra ragionevole, è possibile passare a un'iscrizione a pagamento su forum come http://www.Dreamteammoney.com. Il vostro nome utente apparirà in un colore diverso e riceverete anche impressioni gratuite sui banner. Il vostro nome sarà sempre visibile in primo piano, generando interesse e aumentando la vostra esposizione.

Le persone vogliono conoscervi e aderire al programma a cui vi siete iscritti per poter guadagnare con voi. Presto vi accorgerete che la vostra lista di messaggeri sta crescendo e incontrerete altre persone interessate a guadagnare online, in modo da poter proseguire questa attività con i vostri amici del forum.

4.) Utilizzate i forum per migliorare il vostro PageRank e per essere indicizzati rapidamente dai principali motori di ricerca.

Siamo tutti consapevoli che il PR può aumentare il valore di un sito web. La maggior parte degli acquirenti preferisce i siti con un PR elevato rispetto a quelli con un PR scarso. Se il vostro sito o blog riceve un indice o un ranking di PR elevato da un forum, aumenterà il vostro ranking di PR. Su un forum dedicato al denaro, ho osservato siti con PR 1 che hanno ricevuto PR 2 dopo una sola settimana di indicizzazione da parte di SE.

Se i principali motori di ricerca non indicizzano il vostro sito, pubblicarlo su un forum con un PR e un traffico elevati è una delle soluzioni migliori. I principali motori di ricerca indicizzeranno presto il vostro sito, aumentando i visitatori indiretti. Su Internet, il traffico equivale a denaro. Ottenere ottimi visitatori (Moneymakers) è essenziale per fare soldi online.

5.) Sfrutta l'esperienza di altri geni del denaro! Imparate dai loro errori!

Molti utenti del forum sono felici di condividere con voi i loro consigli e la loro esperienza. Ad esempio, se un membro vi insegna a risparmiare in modo intelligente e voi risparmiate altri 100 dollari al mese o 1.200 dollari all'anno, guadagnate indirettamente altri 1.200 dollari in un anno e questa conoscenza, che è il vostro patrimonio, vi seguirà per sempre. Migliorate sempre le vostre conoscenze imparando da chi è esperto. Molti sono disposti a condividere le loro strategie per fare soldi, ma voi siete disposti a riceverle?

La conoscenza è sinonimo di potere e ricchezza. Dedicate sempre del tempo al forum per scoprire nuove tecniche. Considerate il forum sul denaro della vostra università per fare soldi; molti professori sono disponibili a farvi da mentori.

Ci sono molti altri modi per guadagnare sui forum. Ricordate che il cielo è il limite. Se siete disposti a tentare nuove strade, anche le idee più piccole possono farvi guadagnare una fortuna. Ogni sottoforum di un forum ha un suo scopo. Esplorate ogni sezione del forum e rimarrete stupiti da ciò che scoprirete.

Fare soldi non è mai stato così facile. Internet e la tecnologia hanno contribuito ad avvicinare il mondo. Fare soldi è sempre stato un lavoro di squadra. Il mondo è là fuori per voi, così come il forum gratuito che vi collega a chi fa soldi con la stessa mentalità. Ora tocca a voi accettarlo.

22. LAVORI DI INSERIMENTO DATI A DOMICILIO.

I lavori di inserimento dati a domicilio sono tra le opportunità di lavoro su Internet più rispettabili e redditizie. Queste vocazioni rendono la vita più facile e confortevole ai suoi utenti. Questi lavori di inserimento dati sono le uniche opportunità online legali e semplici disponibili.

Ogni giorno, decine di migliaia di persone esplorano Internet alla ricerca di modi per guadagnare online e migliorare il proprio livello di vita. I lavori di inserimento dati online sono le uniche opportunità legittime per guadagnare da casa. Per i clienti è semplice guadagnare online, perché possono farlo comodamente da casa.

Questi lavori di inserimento dati sono completamente validi e semplici da svolgere. L'unica abilità richiesta per completare questo lavoro è la conoscenza della tastiera. Chiunque abbia un po' di dimestichezza con Internet e la digitazione può svolgere questo lavoro e guadagnare una notevole quantità di denaro online.

Questi lavori di inserimento dati sono semplici e richiedono solo la compilazione di moduli online per le aziende per cui si sceglie di lavorare. I moduli che gli utenti di questo programma compilano sono solo annunci di queste aziende. Queste aziende vi ricompenseranno sotto forma di commissioni, che in genere sono consistenti e vengono pagate tempestivamente.

Il numero di commissioni dipende dal numero di vendite generate dalle aziende in seguito alla comparsa dei vostri annunci su vari siti web. Non c'è un limite al guadagno che si può ottenere con questi lavori di inserimento dati, poiché le inserzioni create vengono pubblicate su più siti web, facilitando l'acquisto dei prodotti da parte dei clienti e aumentando le commissioni.

Voglio continuare a lavorare come addetto all'inserimento dati online a tempo indeterminato e guadagnare un reddito sostanzioso. Il tasso di commissione medio per questa posizione si aggira tra i 30 e i 35 dollari per vendita. Questa cifra aumenta con l'aumentare dell'esperienza dell'utente. Guadagno circa 100 dollari a settimana, che equivalgono ad almeno 400 dollari al mese.

Queste professioni hanno molti vantaggi, tra cui quello di lavorare da casa e di essere il proprio datore di lavoro. Potete approfittare della formazione che vi forniscono per aiutarvi a iniziare questa professione e a guadagnare un reddito sostanzioso. Sfruttate questa opportunità e iniziate subito.

23. SCRITTURA DI EBOOK.

Uno dei modi più efficaci per guadagnare con i vostri ebook è fornire solo contenuti di alta qualità. Le vostre opere devono essere informative, ben scritte e pratiche per convincere efficacemente gli utenti online a effettuare un acquisto. Quando le persone si accorgono che fornite informazioni eccellenti, sono propense a tornare per ottenere di più e possono persino promuovere i vostri ebook ad altri.

Ecco altri sette fantastici modi per guadagnare pubblicando eBook:

1. Usate titoli accattivanti. Secondo gli esperti, la qualità dei titoli dei vostri libri determinerà il 95% del vostro successo. Se riescono ad attirare l'attenzione online e ad entusiasmare i consumatori di Internet, potete star certi che le vendite dei vostri libri saliranno rapidamente alle stelle.

2. Considerate argomenti redditizi. Sarà più facile vendere i vostri ebook se scriverete di argomenti incredibilmente coinvolgenti per gli utenti online. Potete semplicemente determinare quali argomenti venderebbero come il pane online conducendo una ricerca per parole chiave e chiedendo ai vostri potenziali clienti quali informazioni cercano.

3. Mantenete i vostri ebook brevi e diretti. A causa della loro limitata capacità di attenzione, i consumatori online scelgono ebook semplici da comprendere e generalmente brevi. Pertanto, utilizzate un linguaggio semplice e spiegate le vostre opinioni e idee in meno di 30 pagine.

4. Tutti vogliono ottenere ebook con informazioni complete, dettagliate e approfondite per

comprendere rapidamente l'argomento principale. Non dimenticate di condurre ricerche durante la creazione dei vostri ebook per ottenere informazioni più preziose che potrebbero rendere le vostre creazioni ricche di contenuti e di informazioni.

5. State alla larga dalla narrativa. La maggior parte degli utenti di Internet non pagherà per qualcosa che non possa migliorare la loro vita. Pertanto, scrivete di temi che possano fornire ai vostri lettori conoscenze utili, come ad esempio linee guida passo-passo, ed evitate di scrivere di argomenti di fantasia.

6. Combattere il blocco dello scrittore. Può essere dannoso per la vostra professione di scrittori perché vi impedisce di essere creativi. La buona notizia è che potete evitare di sentirvi sovraccarichi scrivendo tutti i vostri pensieri e allontanandovi dal computer almeno due volte alla settimana.

7. Producete più ebook. Guadagnerete di più da questa attività se riuscirete ad aumentare il numero dei vostri ebook. Potete farlo aumentando le vostre

ore di scrittura o impiegando dei ghostwriter per creare il vostro materiale.

24. VENDERE SU EBAY.

Un numero crescente di persone di ogni estrazione sociale sta scoprendo che eBay può migliorare la propria situazione finanziaria. Questa sezione illustra cinque metodi per generare reddito su eBay.

Innanzitutto, potreste fare come molti altri e organizzare un "garage sale" online. Potete generare entrate su eBay vendendo oggetti che non vi servono più. Ogni settimana, decine di migliaia di persone traggono profitto da questa pratica.

In secondo luogo, potete guadagnare su eBay offrendo oggetti a consumatori internazionali attraverso il vostro negozio eBay.

In terzo luogo, con uno spirito simile, potete guadagnare su eBay vendendo oggetti di vostra produzione. Ad esempio, potete vendere online i vostri prodotti artistici se avete un'inclinazione artistica.

Quarto, molti individui vendono prodotti su eBay per generare denaro per sé e per gli altri.

Infine, quando si tratta di guadagnare su eBay, le opzioni sono essenzialmente illimitate. L'unico vero limite è rappresentato dalla vostra immaginazione. Il reddito su eBay può potenzialmente rafforzare la vostra situazione finanziaria in modo significativo.

È possibile perdere denaro in molte delle attività svolte con le aste e eBay, ma è anche possibile guadagnare; uno dei fattori più importanti è la sperimentazione. Se fate dei test, saprete dove investire di più e dove investire di meno.

25. OSPITARE WEBINAR.

Con tanto scetticismo che circonda il lancio di un'attività su Internet, la presentazione di webinar può essere un ottimo metodo per creare fiducia nei potenziali clienti, perché c'è qualcosa di meraviglioso nel vedere la persona che parla direttamente con voi sullo schermo davanti a voi.

Tuttavia, sapevate che, oltre a generare vendite per la vostra attività (il 10% dei partecipanti ai webinar finisce per acquistare), ospitare un webinar può anche generare domanda di prodotti che potete vendere? Si tratta di un'opzione eccellente se volete avviare un'attività su Internet ma non avete un prodotto da vendere.

Ecco come potete generare reddito tenendo un webinar.

Innanzitutto, invitate le persone a un webinar gratuito.

Questo approccio prevede l'organizzazione di un webinar gratuito in cui si offre una sessione di formazione gratuita su un determinato argomento. Poi, dopo il webinar, li invitate a partecipare ad altri webinar con voi nelle sette, dieci, dodici o più settimane successive, durante le quali li accompagnerete passo dopo passo nell'intero processo.

Poiché la maggior parte dei software per webinar dispone di funzionalità di registrazione, è possibile creare un intero videocorso da offrire online al prezzo di 100, 200 o più euro.

Cosa includere nel webinar?

Trovare contenuti per webinar è più facile di quanto si pensi. Ecco alcune raccomandazioni da prendere in considerazione.

Raccontare e mostrare.

Create una presentazione in PowerPoint per dimostrare le funzionalità del vostro prodotto.

Pensate un po'.

Supponiamo di dividere la presentazione in sette sezioni e di sviluppare quattro minuti di contenuti per ogni sezione. In questo caso, avrete informazioni sufficienti per un webinar di 30 minuti prima di aggiungere un'introduzione.

Intervistate uno specialista.

Potete anche invitare uno specialista del vostro argomento a rispondere alle domande durante un webinar. Non si tratta di un'idea del tutto nuova, poiché questo formato è stato utilizzato molto prima dell'invenzione dei webinar, in particolare nei teleseminari e nelle teleconferenze.

Una volta che avrete filmato la vostra serie di webinar e sarete pronti a venderli, potrete inviarne una copia ai vostri esperti, in modo che possano utilizzarli gratuitamente per ottenere ulteriore visibilità.

Potreste passare al livello successivo invitando gratuitamente i potenziali clienti al vostro primo webinar e chiedendo loro di partecipare a una serie di 12 webinar successivi per un investimento una tantum a vostra scelta. 100, 200 o addirittura 400 sterline.

Questo può essere un approccio efficace per generare reddito dalla conduzione di webinar.

Potete anche convincere i vostri avversari a unirsi a voi proponendo una joint venture.

Potete offrire di pubblicizzare i loro webinar alla vostra mailing list o viceversa e dividere le entrate al 50%.

La scelta del software per webinar da utilizzare è una questione di preferenze personali, ma l'hosting di webinar può offrire un'opportunità unica di guadagnare una notevole quantità di denaro dalla comodità della vostra poltrona.

26. DOMINIO INVERTITO.

È stato piuttosto intrigante apprendere che un individuo può diventare un broker di Internet e iniziare a guadagnare online. Quando sentite parlare di "domain flipping", dovreste immaginare l'acquisto di domini o siti web a basso costo, con un valore minimo o nullo, e la loro vendita con un profitto. Si tratta di un altro metodo semplice per ottenere denaro con il minimo sforzo.

Il domain flipping non richiede una formazione formale. È un'attività semplice che anche gli adolescenti dei Paesi in via di sviluppo possono condurre senza difficoltà. Se un adolescente è in grado di farlo, si tratta di un divertimento, di un hobby o di un semplice compito.

Il metodo richiede un'inventiva e un investimento minimi. È possibile acquisire un nome di dominio creativo in grado di attirare un notevole traffico verso un'azienda e venderlo a un prezzo elevato dopo un certo periodo o immediatamente. Il grado di creatività che potrete avere in questa situazione dipenderà dal vostro livello di esperienza o di competenza nel vostro campo di lavoro.

Il processo può essere molto semplice. È sufficiente essere vicini a un computer e a una connessione a Internet; tutto il resto è facoltativo. Non ci sono scuse per essere disoccupati e in difficoltà quando il domain flipping richiede solo poche ore alla settimana.

Il vostro livello di dedizione avrà un impatto significativo sulla quantità di denaro che guadagnerete. Se vi impegnate di più, guadagnerete di più.

27. LANCIO DEL PRODOTTO.

Se dovete lanciare un prodotto, sia che si tratti di un vecchio prodotto che state rilevando, sia che si tratti di un nuovo prodotto, potete dargli un addio degno di nota seguendo le procedure corrette. Il lancio rapido di un prodotto non deve essere necessariamente impegnativo, ma richiede una strategia.

In primo luogo, dovrete pensare al futuro. Dovete assicurarvi che i comunicati stampa, le storie, le immagini, ecc. siano scritti, coperti e scattati con mesi di anticipo. Anche se dovrete apportare piccole modifiche alle informazioni all'avvicinarsi della scadenza, la maggior parte del lavoro sarà già stata completata.

Sarebbe meglio se aveste anche un piano per la promozione continua tramite blog, forum, chat, ecc. Inoltre, preparate tutti gli stampati pubblicitari e i pacchetti informativi con due settimane di anticipo. Qualche giorno prima del lancio confermato del prodotto, preparate la cartella stampa e datele gli ultimi ritocchi. Spesso il lancio rapido di un prodotto è una questione di pianificazione.

Inoltre, assicuratevi di avere un piano di riserva per ogni promozione. Se il vostro prodotto deve fare la sua comparsa in un centro commerciale, ad esempio, preparatevi con una data di riserva nel caso in cui il prodotto non venga presentato. A volte questi eventi si verificano senza che voi ne abbiate colpa. Pertanto, dovete essere preparati.

Assicuratevi che tutte le piattaforme mediatiche siano coperte durante il lancio iniziale. Inviate comunicati stampa pre-produzione a tutti i media, create annunci radiofonici e televisivi in anticipo e disponete di annunci stampa pronti per l'uso se volete lanciare un prodotto rapidamente. Nulla deve essere lasciato al caso.

28. SITI WEB PER I SOCI.

Molti credono che lo sviluppo di un sito web associativo richieda un enorme sforzo se si crea un sito associativo "convenzionale", sì.

Dovrebbero:

* Un impegno sostanziale di tempo.

* Contenuti che devono essere continuamente aggiornati.

* script costosi ed estesi.

* Moderazione del forum.

Tuttavia, se costruite un sito associativo con un "termine fisso", non avrete queste responsabilità.

Tutto ciò che è richiesto è quanto segue:

* Ogni settimana viene prodotto un articolo di 2-5 pagine.

* Un autoresponder (man mano che scrivete le lezioni, le caricate nel vostro autoresponder, che le invia automaticamente ai vostri abbonati nei giorni da voi stabiliti).

* Un sistema di pagamenti ricorrenti (come PayPal o ClickBank).

* Una durata predeterminata per l'iscrizione (3, 6, 9 o 12 mesi).

E questo è quanto!

I siti di affiliazione a tempo determinato sono il modo più semplice e redditizio per generare reddito residuo online. Basta investire da 2 a 5 ore alla settimana per ottenere un reddito mensile su Internet; è così semplice.

Ecco come funziona:

Un visitatore del vostro sito web si iscrive alla vostra newsletter. Quindi, inserisce il suo nome e l'indirizzo e-mail in una "pagina di cattura" che invia i dati al vostro autoresponder. Poi, il vostro autoresponder invia loro le lezioni via e-mail (di solito settimanalmente o quando specificate voi).

29. PROGRAMMI DI ALTO LIVELLO.

Avrete sicuramente sentito parlare dei "pezzi grossi", persone che guadagnano così tanto online da non riuscire a stare al passo con l'afflusso di denaro. Sono pochi e lontani tra loro, ma possiedono tutti un segreto che voi non conoscete.

Utilizzano programmi di alto livello per generare quantità significative di denaro, che possono investire nella promozione di programmi di livello inferiore per ottenere profitti futuri. Questo approccio infallibile farà sì che la vostra attività cresca due o tre volte più velocemente di chi sa come generare reddito online.

Cos'è un programma all'avanguardia?

Un programma premier è un'opportunità di business che consente di generare immediatamente un reddito mensile consistente. A differenza delle opportunità di MLM, non è necessario reclutare centinaia di persone prima di poter guadagnare online.

Questi programmi hanno un costo iniziale elevato, ma offrono un valore eccellente. In genere, riceverete alcuni dei migliori strumenti di marketing e un mentore personale che vi guiderà sulla strada del successo con le sue conoscenze e i suoi consigli. Non esistono altri programmi di formazione che forniscano un'istruzione di livello superiore.

Funzionalità del programma.

I programmi premium hanno una quota di iscrizione elevata. Questo può scoraggiare coloro che non si impegnano a realizzare il loro desiderio di fare soldi online, il che può essere un altro motivo per cui questi programmi hanno un'alta percentuale di successo.

Nella maggior parte dei programmi, solo il 3% circa delle persone guadagna online, mentre il 97% fallisce. Tuttavia, con un programma di alto livello, le cifre si invertono: il 97% delle persone ha successo e genera denaro e solo il 3% fallisce.

Bastano poche vendite per recuperare l'investimento iniziale; dopo di che, tutto è profitto. I sistemi di alto livello sono facilmente riproducibili e praticamente chiunque può imparare a far funzionare il sistema in pochi giorni, grazie alle efficaci strategie di marketing e di istruzione. Non esiste un metodo più semplice e veloce.

Chi deve selezionarne uno?

Se siete interessati, vi sarà richiesto un notevole impegno iniziale. Un buon punto di partenza è di 2.000-4.000 dollari, per assicurarsi di avere abbastanza soldi da acquistare nel programma e da spendere nella prima promozione per generare le vendite iniziali necessarie a mantenere la macchina in funzione. Oltre al costo iniziale, è necessario anche il tempo.

In genere, sono necessarie quattro giornate di 4 ore per la formazione, l'apprendimento e l'installazione. Dopodiché, dovrete essere in grado di dedicare del tempo. Il requisito minimo è di 1-2 ore al giorno, per quattro giorni alla settimana.

È necessario aggiungerne altre se si vuole veramente accelerare il processo. Oltre a un telefono e a una connessione a Internet, è necessario disporre di un piano interurbano illimitato, poiché si effettueranno molte chiamate. Se soddisfate questi requisiti, guadagnerete rapidamente denaro online.

I vantaggi di cui potrete godere.

Se soddisfate i requisiti e ritenete che un programma come questo sia adatto a voi, sarete ricompensati profumatamente. Quando avrete perfezionato il sistema, avrete molto più tempo libero e probabilmente guadagnerete il doppio del denaro con la metà dello sforzo.

Anche un investimento modesto in un programma di alto livello può generare un reddito mensile a cinque cifre già dal primo mese. Se avete la fortuna di investire tra i 3.000 e i 4.000 dollari, spesso vi troverete a guadagnare settimanalmente un reddito a cinque cifre con difficoltà minime.

30. TUTORAGGIO ONLINE.

Avete tre opzioni: tutoraggio professionale, tutoraggio specialistico e tutoraggio part-time. Per aiutarvi a comprendere meglio le vostre opzioni, ecco alcune spiegazioni aggiuntive sulle varie scelte.

Tutoraggio volontario.

Sia gli studenti che i professionisti apprezzeranno l'adattabilità che questi articoli offrono. Tuttavia, trattandosi di un lavoro part-time, è necessario prima assicurarsi un impiego presso un'azienda o un'attività internet e prepararsi. Questa potrebbe essere un'opzione fantastica se siete alla ricerca di un modo semplice per guadagnare denaro extra a margine.

Anche il freelance è un'opzione, ma può essere difficile gestire le transazioni e le trattative se si è impegnati in un'altra attività. Facendosi "assumere" online, si può ottenere un flusso regolare di "studenti" con il minimo sforzo.

Tutoraggio della carriera.

Con il recente aumento di popolarità del mercato del lavoro online, i lavori di tutoraggio online sono ora un'opzione di carriera praticabile. Il bello è che ci sono numerosi modi per farlo.

Si può lavorare come freelance o creare un'azienda che offra questi servizi. Alcuni potrebbero obiettare che questo non si qualifica come un lavoro di tutoraggio online, ma dato che probabilmente inizierete a insegnare voi stessi le lezioni, è ancora possibile farlo.

Tutoraggio personalizzato.

Questo approccio, forse il più diffuso, è oggi disponibile in vari formati. Tecnicamente, anche i servizi di "coaching" one-to-one si qualificano come tutoraggio specializzato, in quanto continuerete a operare come "guida" e a istruire il cliente online.

Ci sono diverse opportunità per guadagnare online se si ha un po' di tempo libero. Si può pensare di lavorare come tutor online per assistere gli altri nelle loro difficoltà accademiche. Il vostro guadagno dipenderà dalla qualità del vostro lavoro di tutor e dalla quantità di tempo e impegno che investirete.

Gli argomenti che richiedono più tutoraggio sono le scienze (chimica e fisica) e la matematica (algebra). La richiesta è così alta perché c'è una spinta a iscrivere sempre più studenti a queste materie. La vostra esperienza in queste aree rende l'insegnamento online un'ottima opzione.

Le posizioni disponibili possono essere trovate su siti web che pubblicizzano lavori di tutoraggio. Sul sito web troverete le qualifiche e i prerequisiti necessari. Durante la navigazione nei siti web, è necessario prestare attenzione alla procedura di candidatura, che varia da sito a sito.

La domanda includerà probabilmente un test e un modo per compilarlo. Candidatevi al maggior numero possibile di siti internet che pubblicizzano posizioni di insegnamento, per aumentare le vostre probabilità di successo. La vostra candidatura sarà valutata per garantire la legittimità della vostra esperienza. Vi informeranno se la vostra candidatura è andata a buon fine.

È necessario determinare le ore di tutoraggio, poiché la maggior parte delle aziende che cercano tutor vuole un numero minimo di ore settimanali. Si tratta di un requisito minimo, anche se è possibile lavorare di più. Questo dipende esclusivamente da voi, a patto che i vostri impegni lo consentano. La maggior parte dei datori di lavoro limita le ore settimanali a trenta.

Almeno una volta al mese, riceverete un pagamento bancario diretto o un assegno per posta. Il pagamento è proporzionale al numero di ore effettuate. Durante la procedura di candidatura, viene descritta la modalità di retribuzione. Prima di iniziare a lavorare, è necessario compilare un documento di accordo.

L'agenzia di tutoraggio che vi assume vi fornirà gli studenti. Riceverete anche il materiale essenziale per garantire il vostro successo. L'agenzia garantisce il rispetto dei protocolli. In caso di domande, chiedete chiarimenti al vostro agente tutor.

Avere studenti di diversa provenienza e provenienza può rendere l'attività di tutor online soddisfacente ed entusiasmante. Mentre si dà ripetizioni, si guadagna denaro e si prova l'emozione di aiutare un'altra persona.

CONCLUSIONE.

Come forse sapete, avviare un'attività non è facile. Richiede un'ampia pianificazione, compresa un'analisi del mercato locale, una sede, del personale e una notevole quantità di attrezzature operative.

Non perché non abbiate fatto le vostre ricerche, ma perché questa è la natura dell'attività commerciale; tutte queste necessità comporteranno una spesa notevole e il rischio che le cose non vadano come previsto.

Ovviamente, maggiore è l'attenzione ai dettagli e più completa è la pianificazione, maggiori sono le probabilità di successo. In ogni caso, un'attività convenzionale come questa vi caricherà di molte spese che vi impediranno di guadagnare un solo dollaro per almeno un anno.

Pertanto, anche se la strada da percorrere è quella dell'imprenditoria, è possibile sviluppare e gestire un'attività redditizia con la quale guadagnare abbastanza denaro per vivere comodamente senza lo stress di avere migliaia di dollari a rischio per mesi o addirittura anni.

Qual è dunque la risposta alla vostra voglia di fare impresa se non avete il capitale o non volete rischiarne troppo, ma desiderate guadagnare rapidamente?

Avviare un'attività su Internet, che è molto più che vendere su eBay o Amazon. So che un'attività di eCommerce può essere redditizia. Tuttavia, dopo molti anni di attività online, preferisco soluzioni più efficienti in termini di tempo e di costi, che offrono un migliore potenziale di crescita a breve e a lungo termine, partendo da input relativamente minimi.

L'Internet marketing è un chiaro esempio - anche se non l'unico - di questo tipo di opportunità, in quanto consente di sviluppare un'attività sostenibile in grado di generare migliaia di dollari di entrate mensili senza rischiare migliaia di dollari.

Il marketing su Internet è certamente più una questione di conoscenza che di investimento. Così, mentre un'azienda tradizionale ha bisogno del 60% di investimenti di capitale e del 40% di know-how, un'attività online basata sul marketing su Internet avrà bisogno del 5% di investimenti di capitale (principalmente in risorse educative) e del 95% di know-how.

Ciò significa che rischierete tempo e fatica piuttosto che denaro quando condurrete un'attività online attraverso l'internet marketing o qualsiasi altro metodo che vi permetta di condurre la vostra organizzazione online.

Questo non significa però che possiate permettervi di essere spreconi, perché il vostro tempo e il vostro impegno sono risorse altrettanto preziose (ricordate che il tempo è denaro). Anche se avete poco o niente denaro, avete tutto ciò che serve per gestire un'ottima attività in questo momento, con la tranquillità di non avere nulla da perdere se non un po' della vostra energia, che è una risorsa rinnovabile.

Pertanto, se avviate un'attività online, avrete spazio per tentativi ed errori senza temere di perdere una fortuna e il netto vantaggio che offrono molte opzioni di business online, come l'internet marketing, il forex trading e il trading azionario, ovvero la capacità di fornire risultati effettivi entro pochi giorni dall'inizio, a patto che abbiate a disposizione gli strumenti e le risorse adeguate.

Competenze gestionali per manager.

1. Gestione del tempo per manager
2. Coaching dei dipendenti per dirigenti
3. Team building per manager
4. Fiducia in se stessi per dirigenti
5. Abilità di negoziazione per manager
6. Abilità di servizio al cliente per manager
7. Assertività per manager
8. Galateo commerciale per manager
9. Capacità di ascolto per manager
10. Abilità di leadership per manager
11. Abilità comunicative per manager
12. Abilità di presentazione per manager
13. Gestione dello stress per manager
14. Processo decisionale per manager
15. Gestione dei conflitti per manager.

Serie: Libertà finanziaria a qualsiasi età.

- Raggiungere la libertà finanziaria a 20 anni
- Raggiungere la libertà finanziaria a 30 anni
- Raggiungere la libertà finanziaria a 40 anni
- Raggiungere la libertà finanziaria a 50 anni
- Raggiungere la libertà finanziaria a 60 anni
- Raggiungere la libertà finanziaria a 70 anni e oltre.
- Raggiungere la libertà finanziaria nei bambini
- Raggiungere la libertà finanziaria negli adolescenti
- Raggiungere la libertà finanziaria negli studenti universitari.
- Truffe finanziarie da cui stare attenti in pensione.

Serie: Finanza personale per voi.
- ➢ Comprare e vendere criptovalute per principianti
- ➢ Perché investire in azioni a dividendo ha senso.

Serie: Ricchezza 2022.

- ➢ Imprenditorialità online.
- ➢ Avviare un'attività in proprio
- ➢ Gestione della ricchezza
- ➢ Reddito passivo.
- ➢ 12 passi per avviare un'attività in proprio.

Serie: Servizio clienti eccellente.
- ➢ Servizio clienti eccellente nella vendita al dettaglio
- ➢ Servizio clienti eccellente nei fast food
- ➢ Servizio clienti eccellente in un ristorante a servizio completo
- ➢ Servizio clienti eccellente nell'insegnamento.
- ➢ Servizio clienti eccellente nel settore immobiliare
- ➢ Servizio clienti eccellente in un call center
- ➢ Servizio clienti eccellente come receptionist
- ➢ Servizio clienti eccellente in un hotel
- ➢ Servizio clienti eccellente nella vendita
- ➢ Servizio clienti eccellente in qualsiasi situazione.

- ➢ Servizio clienti eccellente in uno studio dentistico
- ➢ Servizio clienti eccellente in uno studio medico.

Serie: Soldi veloci.

- ➢ Soldi veloci in una settimana
- ➢ Soldi veloci in un weekend
- ➢ Soldi veloci in un mese
- ➢ Soldi veloci per studenti.

Serie: Come promuovere.

- ➢ Come far prosperare la vostra attività durante la recessione
- ➢ Come promuovere il vostro ricettario
- ➢ Come promuovere il libro per bambini.

Biografia dell'autore

D.K. Hawkins. A D.K. piace leggere libri di economia personale e passare il tempo all'aria aperta. Altri libri verranno aggiunti a questa raccolta, quindi vi invitiamo a seguirci su Amazon per altri libri.

Grazie per aver acquistato questo libro.

Lo apprezzo sinceramente e apprezzo lei, il mio eccellente cliente.

Dio vi benedica.

D.K. Hawkins.

www.ingramcontent.com/pod-product-compliance
Lightning Source LLC
Chambersburg PA
CBHW071126240526
45465CB00024B/1418